大趋势

经济震荡启示录

MEGATREND

THE APOCALYPSE OF ECONOMIC SHOCK

[韩] 朴钟勋 著
姜明勋 吴婉茹 译

中国出版集团 東方出版中心

图书在版编目（CIP）数据

大趋势：经济震荡启示录 / (韩) 朴钟勋著；姜明勋, 吴婉茹译. — 上海：东方出版中心, 2020.5

ISBN 978-7-5473-1611-5

Ⅰ. ①大… Ⅱ. ①朴… ②姜… ③吴… Ⅲ. ①经济预测 Ⅳ. ①F201

中国版本图书馆CIP数据核字(2020)第048276号

上海市版权局著作权合同登记：图字09-2020-145号

大趋势：经济震荡启示录

著　　者　[韩] 朴钟勋
译　　者　姜明勋　吴婉茹
策　　划　刘佩英
责任编辑　费多芬
封面设计　今亮后声 HOPESOUND pankouyugu@163.com · 张玉

出版发行　东方出版中心
地　　址　上海市仙霞路345号
邮政编码　200336
电　　话　021- 62417400
印 刷 者　上海万卷印刷股份有限公司

开　　本　890mm × 1240mm　1/32
印　　张　6
字　　数　93千字
版　　次　2020年5月第1版
印　　次　2020年5月第1次印刷
定　　价　29.80元

未来发来的六大信号！

是衰亡，还是生存

CONTENTS 目录

临渴掘井

——《晏子春秋》

序　言
昨日的范式无法用来预测明天

2.6 亿年前，地球富饶的自然环境，孕育了无数的生命体。翅膀展开超过 70 厘米的蜻蜓[1]曾在天空中肆意飞舞，陆地上也曾有过身长超过 2 米的形似蜈蚣的节肢动物[2]横冲直撞。但不知出于何种原因，地球突然沸腾起来，悲剧随之开始。海面温度飙升了 6 摄氏度以上，白天的大气温度超过 50 摄氏度。受此影响，原本是生命之源的河流和湿地全部干涸，大气中的氧气浓度也从原本的 30% 骤降至 15%。

---

[1] 巨脉蜻蜓（Meganeura monyi），在外貌上与现代的蜻蜓接近，生活在石炭纪晚期，是已知地球上曾出现过的最大的昆虫物种，它的翅膀展开超过 70 厘米。

[2] 巨型马陆（Arthropleura），体长 1～3 米，是有史以来最大的节肢动物，外形与现代的千足虫类似。

90%的海洋生物以及80%的陆地脊椎动物走向灭亡，地球上最严重的一次生物灭绝发生了。在这样恶劣的环境下，有一种毫不起眼的生物居然成为了大地的主宰。这种生物并非体型巨大的捕食者，反而是需要为了避免被捕食而东躲西藏的小小爬行类动物——水龙兽（Lystrosaurus）。在物种丰茂的年代里肆意扩张地盘的大型动物，在大灾难开始后，由于找不到食物而灭绝。但这种小型食草动物却可以仅靠极少的食物生存下来。且当生存环境恶劣时，水龙兽可以凭借特殊的身体构造轻松地挖地，并藏在洞中。与此同时，因为胸腔发达，即使氧气浓度下降，它们也很容易适应。因此，水龙兽的数量达到了当时陆地脊椎动物总数的95%，几乎填满了整个地球。这是史上仅有的单一物种支配整个陆地生态系统的案例。

2008年全球金融危机以后，长期冻结利率的美国联邦储备系统（以下简称“美联储”），在2015年以后开始加息。但利率的上调速度比任何时候都要缓慢。从2019年开始，利率上调速度更是变得愈发迟缓，甚至有预测指出美联储不久就会降息。投资股票等高风险资产的人们可能会因为利率上调速度变缓而欢呼。但是如果仔细分析，会发现不能及时提高利率是非常危险的经济信号。这表明，过去连5%～6%的年利率都能支撑的世界经济现在变得非常虚弱，连3%的年利率都无法承受。无限放缓的加息速度，并非显示美联储审慎的正面信号，而是一直以巨额债务维系的世界经济遇到严重风险的信号。如果我们错误地解读这个信号，就会导致严重的误判，因此能否正确解读信号是决定危机时代企业存亡的关键所在。

目前，世界主要发达国家因适龄劳动人口的急剧减少和严重的老龄化现象，陷入了沉重的“人口负债”（Demographic onus）状态。所谓“人口负债”，是指劳动人口减少，需要赡养的人口增加，经济增长随之放缓。再加上生产效率增速也急剧放缓，世界经济面临着陷入疲软的威胁。在这种情况下，就连世界经济的有力支柱——美国也发出了经济进入萧条期的信号。有赖于债务这一“毒品”的超长繁荣期结束了，当经济从高速增长跌入低速增长那一刻开始，经济环境将会发生翻天覆地的变化。就像时速100千米的汽车撞到了墙一样，经济在进入萧条期时将会受到巨大冲击。因此，只有准确解读经济疲软即将开始的信号，才能把握机遇，抢占先机。那么，我们怎么才能准确感知发生变化的瞬间呢？

任何一位专家都无法做出完美的预测。因为经济会通过无休止的相互作用来不断发酵。更何况，经济危机也会像威胁人类的病毒一样不断进化。因此，如果只想着用过去的经验来应对，将会遭受巨大的挫折。本书并非意图假定现在所处的经济条件和状况不变，而来草率地预测不确定的未来。只是在不断变化的经济形势中，试图引导大家正确解读经济信号，从而把握其发展趋势。没有比对不确定的未来抱有盲目自信或将特定经济专家奉为预言家更危险的事情。特别是在当前瞬息万变的经济环境中，盲从盲信要比不作任何预测来得更危险。在目前的情况下，无论作出多么完美的经济预测，只要情况发生变化，就会失去意义。就像鱼钓得再多，时间一长也会腐烂掉一样。

所谓经济预测，就是随着时间的推移，其效用必然会减退。但是，如果有好的钓竿和熟练的技术，就好像随时可以自己抓鱼一样，能够捕捉经济变化的信号，进而分析这些变化，这就有可能成为应对不确定未来的最强大的力量。我们首先要找出经济变化的重要信号，并培养能够正确分析其变化的能力。而且在无数的信息中，必须要能够过滤出噪音（Noise）和虚假信号（False signal），辨别出正确的信号。我希望通过这本书，告诉读者如何察觉出真正的信号（True signal），并加以分析利用。为此，本书第一部分解释了为什么危机论近期不断出现，并对危机论的存在与否以新的视角加以解读。第二部分介绍了把握经济形势需要捕捉的 6 种重要信号，并谈到分析这些信号的方法。第三部分介绍了如何利用这样的信号，构建属于自己的资产管理组合。

转机往往在发生戏剧性变化的瞬间到来。如何找到并把握预示这一戏剧性变化瞬间即将到来的信号，对于渴望实现逆袭的所有人来说，将至关重要。

2019 年 7 月

朴钟勋

CHAPTER 1

危机即将到来，这次是真的吗？

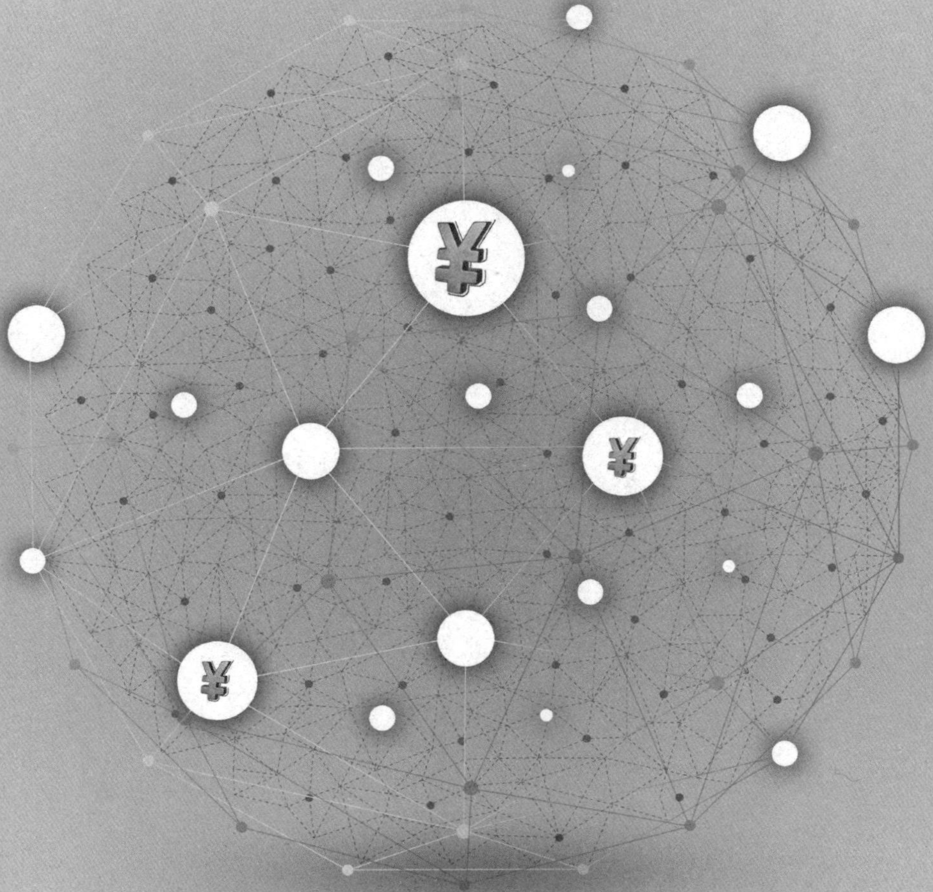

让我们陷入困境的不是无知，而是看似正确的谬误论断。[1]

——马克·吐温（Mark Twain）

1 何种境地算是危机，什么才是真正的危机？

危机总是伴随着戏剧性转折

有时，现实比小说还富有戏剧性。2015 年上映的《大空头》（*The Big Short*）是根据 2008 年全球金融危机中，华尔街的几位投资鬼才经历的真实故事改编而成的。电影虽然是以纪录片的形式展开，但对于那些亲身经历金融危机惨痛教训的人们而言，这部电影比多数悬疑片还紧张刺激。克里斯蒂安·贝尔、布拉德·皮特等大牌明星的参演，更是使该电影一度成为当年的话题之作。

2005 年，繁荣的经济引发了房地产价格的急剧上涨，人们都沉迷于繁荣的假象之中。

然而，电影中的主人公却发现了隐藏在经济

繁荣中的危险信号。各大银行在给毫无偿还能力的家庭贷出巨额的购房贷款，玩起了一场危险的金钱游戏。贷款对象包括没有任何收入的群体，甚至是已经去世的人。这足以表明当时的信用评级和贷款审核体系有多么荒唐和不堪一击。主人公发现上述问题后，预测美国房地产市场将迎来暴跌，从而引发金融危机。主人公认定天文数字般的不良贷款是金融危机的重要信号，并决定从银行购入大量金融衍生产品，拥有该产品可在房价下跌时获得超额收益。向主人公团队售出该金融产品的世界级投资银行自然是欣喜若狂，他们认为当下房地产市场热火朝天，只有傻子才会出资对赌房价的下滑。电影名《大空头》中，“大”即“大规模投资”，“空头”即“做空资产”。

2005 年，主人公团队开始对赌房价下滑，这一年正值美国房地产市场最火热的时期，面对屡创新高的房价，当时没有人相信房价会下跌。银行方面认为即便贷款者是无收入群体，在出现无力偿还贷款的情况时，只需抛售手中的房产，便可随时偿还贷款。因此，银行毫无顾虑地向次级信用者们放出了贷款。在当时的社会氛围下，如果有人提出“房价会不会回落呢?”这样的问题会被人当众嘲笑。

当然，电影中的主人公团队也不算完美。他们过早地预估了房价的下跌。这些金融天才们怎么也想不到这荒谬的资产泡沫竟延续到了 2007 年上半年。因此，重仓下注房价下跌的主人公时刻都在怀疑自己是否误判了信号，并长期忍受着失去一切的风险与压力。

直到2007年下半年，故事迎来了戏剧性的转折。随着房价上升的势头放缓，部分无力偿还贷款的购房者们不得不出售房产，如日中天的房价终于开始下滑了。市场中随即出现了贷款购房者们无力偿还贷款的恐慌，随着这种情绪的蔓延，越来越多的购房者们选择大规模抛售房产，最终引发了房价的暴跌。贷出大规模房屋抵押贷款的银行以及持有大规模房地产金融衍生品的金融公司承受了难以估量的损失。

金融公司们坚信房价会永远上涨，因此没能及时把握危机的信号，错失了早期止损的机会，最终在房价暴跌后，有些公司像雷曼兄弟（Lehmen Brother）一样走向了破产，又有些公司像美国银行（Bank of America）那样依靠政府提供的大量救济金才勉强幸存了下来。相反，电影的主人公因对房产价格下滑下了重注，最后获得了令人惊叹的收益。

这部电影是根据真实事件改编而成的，但剧情比任何小说都更富有戏剧性。这种惊天大逆转总是暗藏在巨大危机之中。而抢先一步察觉危机来临的信号，并正确应对的能力就是逆转局势的原动力。

为什么经济学家们总是在提示危机即将来临？

金融危机肆虐全球之后，世界各国的中央银行实行超低息政策，并印发了天文数字般大量的货币，在各方不懈的努力之下，世界经济快速回暖。2009 年 6 月至 2019 年 1 月，美国经济连续增长长达 115 个月。这个增长纪录仅次于千禧年互联网泡沫，即 1991 年 3 月至 2001 年 3 月间 120 个月的经济连续增长纪录。

经历着如此惊人的经济增长，人们自然就淡忘了 2008 年全球金融危机的惨痛教训。有关经济增长放缓的担忧很容易就会被忽略。

回望过去，我们一直沉溺于经济繁荣的美好景象中，当我们无法直视现实，对危机缺乏警觉时，危机就会准时而至，泡沫会被挤破，惨痛的教训便随之而来。

最近 10 年的经济增长虽然可以称得上是长期繁荣，但对比历代繁荣时期，年均经济增长率算是较低的。但在超低息政策和量化宽松政策的背景下，大量的货币流向了社会，并推动了世界范围内房地产价格的上涨以及美国股市的繁荣。这时期的资产价格涨幅惊人，不逊于任何经济繁荣期。也就是说，在经济增长不太理想的情况下，资产价格却出现了暴涨。这真是怪现象。

近年来，越来越多的经济学者和世界级投资者以及投资银行在发出警告："美国的经济繁荣时期将结束。"最近更是出现了经济萧条和金融危机即将到来等骇人警告。

诺贝尔经济学奖得主、耶鲁大学教授罗伯特·希勒（Robert Shiller）表示："任何一次经济繁荣都未能持续 10 年以上，因此，无法排除经济萧条到来的可能性。"他还认为，看衰全球房地产市场的情绪在升温，假设股价和房价同时暴跌，届时经济萧条会严重打击全球经济。

在对冲基金（hedge fund）界享有盛誉的桥水基金创始人雷·达里奥（Ray Dalio）也认为危机即将到来。2018 年 9 月 11 日，在参加美国财经电视台 CNBC 的节目时，雷·达里奥表示："美国的经济循环周期如同一场棒球比赛，棒球比赛会在第 9 局结束，而目前美国经济差不多已经走到了第 7 局左右。"[2]他还警告棒球比赛终有结束的时候，美国经济也会在 2 年之后，即在 2020 年出现萧条。

雷·达里奥的预测要比其他专家的更为悲观。他评价当前美国经济与 20 世纪 30 年代末类似，当时人们都以为已克服世界性大萧条了。全球金融危机之后，在超低利率的情况下，资产价格暴涨，贫富差距变得更大了。加上经济增长速度放缓，主要强国们转向贸易保护主义并打起贸易战的情形与 20 世纪 30 年代末的情况如出一辙。另外，雷·达里奥认为 2018 年的经济繁荣不过是美国总统唐纳德·特朗普的减税政策引发的错觉，其效果已结束，因此经济即将进入萧条期。经济大萧条（The Great Depression）时期结束后，全球经济出现过复苏的迹象，但好景不长，进入 20 世纪 30 年代末后，经济急速衰退并引发了第二次世界大战，雷·达里奥担忧当下的世界经济会重蹈当年的覆辙。

在 2008 年准确预测全球金融危机的纽约大学教授鲁里埃尔·罗比尼（Nouriel Roubini）也持同样观点。[3]

罗比尼认为特朗普推出的通过减税等财政政策推动的经济刺激方案将难以持续。另外，世界各国的股市和房地产市场已处于危险的境地，因此他预测美国和世界经济将因房地产价格下降和股市下跌受到重挫。罗比尼对背负着巨大规模政府债务的意大利等国家表示极其担忧。他警告称，当美国的经济增长动力完全耗尽，美国的经济增长率跌破 2% 之后，新兴国家以及发达国家的诸多危险因素会同时被激发，从而引发破坏力十足的“完美风暴”。

罗比尼还表示，特朗普为了摆脱这类经济危机，可能会选择与伊朗发生军事摩擦，导致油价上升，届时全球经济会陷入更危险的境地。

摩根大通集团发布分析报告表示，2020 年将再次发生全球金融危机[4]，美国股市会出现 20% 的回落，新兴国家的股市会出现 48% 的回落，接近腰斩。新兴国家的货币价值会下滑 14.4%，并预测即将到来的危机会比 2008 年的全球金融危机缓和一些。

美国联邦储备委员会前任主席本·伯南克（Ben Bernanke）的观点更加悲观。他预测美国经济会在 2020 年跌落谷底，就像美国知名动画片《兔八哥》中的歪心狼，每次都会被主人公“BB 鸟”戏耍然后摔落悬崖一样[5]。

2018 年 5 月，美国财经报纸《华尔街日报》发布了针对 60 名经济学者的问卷调查报告。该报告的结论与上述论调基本一致。问卷调查中 59% 的应答者预测“2020 年开始美国会进入萧条期”。[6]预测 2021 年开始出现经济危机的学者占 22%，仅次于第一的 59%。相当于，此次调查中 80% 的经济学者认为，美国经济会在 2021 年之前进入萧条期。

危机真正到来之前，会有众多不祥的前兆。当这些前兆第一次出现时，人们会陷入恐慌，生怕危机会马上开始。但随着前兆的持续，人们会对铺天盖地的危机论逐渐麻木，最后会无视所谓的危机论。最终大多数人会毫无准备地迎接从天而降的危机，遭受惨痛损失后，后悔不已。[7]

危机的前兆会反反复复地出现，因此当真正的危机来临时，人们往往毫无准备。其中原因可以从“海因里希法则”中找出端倪。旅行者保险公司的财产保险部门主管赫伯特·威廉·海因里希（Herbert William Heinrich），在对 7.5 万余件安全事故进行分析后，发现了一个非常有趣的事实。一起有人员伤亡的重大安全事故发生之前，会有因相同原因出现的 29 次轻微的小事故，此外，还有 300 次侥幸避开事故的情况。即重大事故和轻微事故以及无伤害事故的比例为 1∶29∶300，这一现象被称为“海因里希法则”[8]。

2008 年，在全球金融危机爆发之前，大大小小的金融不稳定因素和对房地产市场的泡沫破裂等的忧虑时常见诸报端。后来，这些金融不稳定因素和忧虑都被一一化解，人们自然开始对这些信号变得麻木。提示金融危机的重要信号虽然会时时出现，但大部分经济主体将这些信号当成毫无价值的噪音，并选择无视，最终陷入了困境。

危机的信号第一次出现时，不可急于下定论，但也不能因为信号众多而麻木，选择无视这些信号的下场很可能是遭遇大困境。

在大地震爆发之前，总会有大大小小的前震发生。如果前震非常频繁，那就要提高警觉，做好准备迎接接下来的主震。

那么2020年真的会应验众多学者或投资专家的预言吗？确信会出现经济危机或进入萧条期吗？又或者像电影《大空头》中的天才金融投资者们那样，过早地预判了危机呢？

不确定的未来，危险的断定

1859年，托马斯·奥斯汀（Thomas Austin）从英国移民到澳洲，他特别喜欢狩猎，但遗憾的是，澳洲没有像样的猎物。为了狩猎，托马斯从英国带来了24只兔子，并放养于自家的农场中。后来，有几只敏捷的兔子意外地逃离了农场，奔向了澳洲广袤的平原。奥斯汀起初并没有重视此事，但逃脱的几只兔子却对澳洲的生态环境造成了毁灭性的打击。

兔子有非常强大的繁殖能力，虽然起初只有几只，但没过多久它们的数量就呈几何级暴增。短短十多年的时间里，从奥斯汀的农场逃脱的兔子在没有天敌的澳洲迅速繁殖到了几千万只，它们最终占领了整个澳洲，甚至还霸占了澳洲土著动物的食物，严重扰乱了当地生态。慌张的澳洲政府决定采取一切手段阻止兔子的扩张，他们决定炸毁兔子窝或在窝里投毒，甚至搭建了纵横澳洲大陆的1 600千米长的围栏，就是为了阻拦兔子扩散到大陆的另一侧。虽然政府作出了种种努力，但在1950年，澳洲大陆全境的兔子数量已超过6亿只。形成庞大群体的兔子在疯狂地破坏澳洲的生态环境，甚至加速了沙漠化进程，无奈的澳洲政府最终选择使用生化武器。他们投放了一种含有黏液瘤病毒的生化武器，对兔子来说这种病毒的致死率达到98%。这一举措起初有一定效果，但效果持续时间短暂，对该病毒产生抗体的兔子生存下来后，很快又繁殖到了原来的数量。24只兔子繁殖后形成的巨大的兔子群体吃遍澳洲绿地，造成沙漠化，扰乱当地生态的现象被当地人称为“兔灾”。起初没有任何人预料到奥斯汀引进的24只兔子会威胁澳洲生态长达160年之久，甚至引发兔灾。在自然界，非常小的因素引起巨大变化的情况时有发生。

这类现象在经济环境中也会发生。21世纪初，美国众多的金融公司发行了债务抵押债券（即CDO，Collateralized Debt Obligation）。起初，债务抵押债券只是具有高收益、低风险的众多金融新产品之一。在超低息时代，众多找不到合适投资项目的投资人选择买入大量债务抵押债券，因此它逐渐成为金融公司的主打产品。

金融机构在向投资者推销产品时，一再强调它是史无前例的即安全又能保障高收益的产品。事实上，这类债务抵押债券中包含大量次级信用者的抵押贷款商品。金融机构断定美国房地产市场绝对不会出现整体下滑的局面，因此认为这些危险的商品是安全的。

但在房价暴跌后，该产品的本质暴露无遗。部分通过房屋抵押贷款置业的购房者们开始还不起本息，紧接着引发了住宅抵押贷款债券的大规模亏损。这事件最终将美国和欧洲、亚洲主要国家等经济体推进了经济危机的大漩涡之中，进而引发了全球金融危机。债务抵押债券，这种新型金融产品将整个世界推向了经济危机。

起初市场的小小变化在诸多经济体之间发生众多相互作用后，可能会引发不可预测的巨大变化。

因此，我喜欢研究的“复杂经济学”[1]认为完美地预测将来几乎是不可能的。

近期的危机论中也存在这种局限。虽然诸多顶尖经济学者以及世界级投资大师们认为2020年危机即将到来，但无论如何也不能100%确信。虽然当下的世界经济处于临界状态。但这种经济危机论本身也可能会引起新的相互作用，从而将经济引向无法预测的境地。

经济危机论持续扩散，会影响家庭以及企业等经济主体的消费活动和投资方式。尤其在政府介入后，其结果更加难以预测。2018年底，当美国的经济危机论扩散到大众之后，美国股市暴跌，接连产生了诸多经济萧条的信号。2019年1月，美联储为了稳定市场信心，决定大幅降低基准利率，甚至表示如果出现经济增长放缓的迹象，会积极考虑重新引入量化宽松政策。

2011年，这种现象在欧洲也出现过一次。

当时，欧洲经济在经历全球金融危机后，短暂地恢复了一段时间，但很快又出现了重陷泥沼的迹象。为了稳定市场情绪，欧洲各大银行决定采取前所未有的负利息和大规模的量化宽松政策。在各国的携手努力之下，欧洲经济渡过了双重衰退的危机。

---

[1] 复杂经济学认为个体之间的大量互动能创造出集体属性，并试图从这一角度来理解各种经济现象。其将经济视为一个众多经济主体相互影响、不断发展的系统，因此认为经典经济学中的“均衡常态”从来都不可能存在。

2015 年底，在中国经济危机论的影响下，上证综指暴跌。一度出现了人民币贬值的现象。但在中国政府推出的积极的经济刺激政策以及美联储放缓利率上调速度的措施的影响下，中国以及世界经济躲过了一场危机。

危机论本身会影响金融机构的行为，并促使经济主体之间产生多种相互作用，最终会使经济走向难以预测的方向。因此，无论命中率多高的专家抛出危机论，我们也不能盲目相信。因为，当专家们一致提出危机论时，经济主体会更加激烈地回应。

相反，在真正面临危机的 2007 年，只有少数专家提出过危机论，但市场却彻底无视了他们的宝贵意见。因此，当时世界金融市场在毫无防范的情况下遭遇了从天而降的危机。

倘若市场接受了少数专家的警告，并作好了相应准备，说不定会出现另一种结果。

享有巨大影响力的经济专家们一致警告 2020 年可能会出经济危机，那么市场和各国政府会作何反应呢？

首先，经济主体可能会采取更加保守的做法。企业会减少设备投资，并减少大规模的营销活动。家庭可能会降低风险资产的比重，并增加现金资产。这类现象可能会进一步萎缩家庭消费和打击企业的投资信心，从而加快经济萧条的步伐。相反，政府积极地推出经济刺激政策后，短期内经济可能会脱离危机，又或者暂时推迟经济危机的爆发。在各大经济主体的相互作用下，未来会不断变化，因此，不能盲目相信只依据当下的条件作出的经济预测。

即便如此，我们也能看到不少对自己的预测过分自信的经济专家。其中有不少专家是根据过往的经验，按照当下的条件推测将来的经济走势，并对自己的推测深信不疑。即使某位专家曾因准确预测过经济走势而闻名于世，在当下条件、因素不断变化的情形下，他作出的推测也很可能不会应验。

各大经济主体会根据以往的经验不断进化。因此，单纯地依赖过往的经验去预测将来是很危险的。经历过一轮危机的家庭、企业和政府因为上次的教训，大体上也会作好一定的准备，因此，很少能看到完全一样的危机会重复发生。

但也不能断定经历过一次危机就能对该类危机永久免疫。各大经济主体会吸收过往的教训并进化，同时，经济危机也会像病毒一样不断产生变异，继续威胁我们。因此，即便财政部门表示已根据以往经验作好了相应准备，也不能轻易相信。

那我们到底该怎么预测未来呢？我们每天都必须要从大量的信息中筛选出正确的信号。为了筛选并利用这些信号，我们必须学会彻底分析以及合并信号的方法。筛选时要特别注意不能被无任何意义的信息所干扰，也不能被各类假信息所欺骗。通过努力，可以锻炼出洞察经济走势的能力。

掌握信号者会占据明日的财富

德裔犹太人罗斯柴尔德（Rothschild）家族因掌握着巨额财富，

长期享有巨大的影响力。因此，有很多堪称传奇的故事流传至今。其中有一些是真实的故事，但有不少内容是经过加工而成的传闻。关于罗斯柴尔德家族的故事中，最有名的是内森·罗斯柴尔德（Nathan Rothschild）利用信息差，豪取巨额利益的“滑铁卢传说”。

1815 年 6 月，在滑铁卢，拿破仑率领的法国军队与英普联军展开了决定命运的重要战役。滑铁卢战役不但可以决定战后整个欧洲霸权的归属，还能深刻影响经济层面的发展，所以它是非常关键的战役。在滑铁卢战役中，如果英国方面胜利，那么债券价格将暴涨，如果英国战败，则黄金价格会暴涨。当时，英国投资者们的意见出现了分歧，如果押对了，那么瞬间可以赢得巨额的财富，反之会瞬间沦为乞丐。因此，英国的投资者们认为快人一步掌握战争的动向是非常关键的，所以他们绞尽脑汁寻找精通情报的人员。此时，内森·罗斯柴尔德已经领先别人一大步了。

他沿着战场安排搭建了亲自运营的情报网，并使各类情报在其中快速传递。得益于此，在拿破仑战败的瞬间，罗斯柴尔德的情报员们向他最先传递了英国战胜的喜讯。这个传递速度甚至快过了英国政府的情报网。

至少，内森·罗斯柴尔德最先掌握了战况是大致符合历史真相的。但内森·罗斯柴尔德得知战胜喜讯之后的故事就多少有些夸张的成分了。据说，内森充分利用情报优势玩弄了市场，并通过欺诈的手段赚取了难以估量的金钱。根据“滑铁卢传说”，当日，内森亲自跑到码头边，第一时间拿到战胜的电报后，直奔证券交易所，开始卖出手中的英国国债。其他投资者们看到内森在抛售国债，断定内森已第一时间拿到了英国战败的情报，于是开始跟着他抛售起了国债。结果，英国国债的价格暴跌到了原来的二十分之一。当市场陷入恐慌后，内森又偷偷指示交易员们大肆买入国债。当滑铁卢战役的捷报传到交易所时，国债价格开始暴涨，内森轻松地赚取了超过20倍的收益。最后，通过英国国债成为巨富的内森开始逐渐掌握了政府主导权。

内森通过滑铁卢战役一举成为可影响整个欧洲政界金融界的大富豪。这个传闻有着浓厚的戏剧色彩，考虑到当时的欧洲金融界是极其看重信用的，因此，这个传说很可能不是真实的历史。用卑劣手段，靠欺诈投资，获得非法利益的人怎么可能成为英国金融市场的大人物呢？内森能够主导英国金融市场的原因并不是因为他是富人，而是他在金融界长期积累了信用。另外，在滑铁卢战役前后，内森的实际资产状况与该传闻相差甚远。内森在拿破仑逃出厄尔巴岛时，就认定战争会长期化，便早早卖出了国债并买入了黄金。因此，意外的捷报差点使内森陷入了家破人亡的危险境地。好在内森早就在战争前线安插了情报员，依靠这些情报员，最先获得了英国战胜的情报。得知该消息后，内森第一时间选择卖出黄金，虽然承受了一定损失，但终究保住了家族和自身的财富。另外，国债价格也并非像传闻中那样一天内经历过20倍的暴跌与暴涨。

国债价格是在滑铁卢战役捷报传出后，慢慢涨上去的。这主要是因为当时的英国普通投资者们没能迅速地将捷报与国债价格进行匹配。相反，内森的反应就快得多，他断定国债价格将走强，于是逐步买入了国债。最终，国债价格大涨，内森也借此机会挽回了之前的投资损失，并获得了更大的财富。

那么内森的“滑铁卢传说”是如何诞生的呢？世界著名历史学家尼尔·弗格森（Niall Ferguson）认为，1940 年，纳粹政权的宣传部长保罗·戈培尔（Paul Goebbels）为了恶意抹黑犹太人，于是刻意将犹太人内森包装成了一个贪婪又无耻的“欺诈者”。[9]无论如何，内森通过超凡的信号分析能力守住了自身的财富，甚至获得了更多的财富。这是毋庸置疑的真相。**为了更好地利用信号，必须快人一步掌握信号，而且还要学会准确分析信号的深意，并适当地加以利用。**

随着信息化时代的到来，每天都有难以预计的信息在产生。互联网上每天有 1 泽字节（Zetta Bytes）的信息在流通。1 泽字节大约等于 1 000 000 000 000 000 000 000 字节（10^{21}字节），是巨大的信息量。

那么信息量变得如此之大，真的是好事吗？随着信息量的爆炸式增长，我们每天要面对的信息量也会剧增，这其中掺杂着大量无用的垃圾信息以及假信息，因此，我们识别和筛选信息的难度也自然增大了。所以，我们必须准确筛选出关键的信号。

在现实生活中，不少人会选择只接收与自己信念或想法一致的信息，会将自己不喜欢的信息自动过滤掉。这种现象叫作“确认偏向”。如果一个人陷入了确认偏向的陷阱，那么他接收的信息会持续强化固有的偏见。在经济环境中，随时可能会发生意外的情况。因此，陷入确认偏向的陷阱是非常危险的。另外，人们总是极度厌恶不确定性。所以总是想在毫无价值的垃圾信息中找出某种规律。在毫不相干的垃圾信息中找出的规律和规则乍一看还算有模有样，但如果执着于与经济大方向不相干的奇奇怪怪的规律，必将承受致命的损失。

此外，经济形势变化多样，因此信号随时间产生变化的情况并不少见。不能因为过往的信号是有意义的，就单纯地依赖以往的信号作出预测，这是非常危险的方式。**在波动性不小的当下，我们需要找出新的信号，并不断修改预测。**

2 如何识别舆论中的假信号?

萧条会生出假信号

在欧洲，奥地利红酒本来并不那么出名。直到20世纪70年代后期，奥地利的葡萄庄园出现了贵腐病，这类病虫害的出现扭转了这一局势。患上贵腐病的葡萄会失去水分，葡萄粒会缩成一小粒，就像是一颗腐烂的葡萄，但同时它的糖度会大幅提高。选用贵腐葡萄酿造的红酒口味香甜独特且黏度高，会成为高贵的“贵腐酒”。因此，对奥地利的葡萄庄园而言，贵腐病是一种福音。

20世纪70年代，随着贵腐酒的流行，红酒出口量大增，奥地利顺势成为欧洲第三大红酒出口国。但进入80年代后，不知何种原因，贵腐酒不再流行了。奥地利红酒又回到了以往平凡的模样。经历过繁荣期的奥地利酒庄不肯轻易放弃这个机会。在红酒中加入其他添加剂是非法的，但奥地利红酒商为了做出与贵腐酒口感相似的红酒，开始做起了实验，在酒里加入了各种添加剂。不久后，他们偶然发现在红酒中加入汽车防冻液就能使其口感变得与贵腐酒一样独特。

奥地利红酒重新找回了当年的名声，产品热销海外。邻近的各国开始怀疑奥地利是怎么大批量生产出贵腐酒的，毕竟贵腐病已经消失了。而这时奥地利的一个红酒生产商不慎抖出了天大的丑闻。原来这家红酒生产商为了获得退税补贴，在向有关部门提交发票时，不慎将汽车防冻液的购买发票也一并提交了上去。这就是在 1985 年轰动整个欧洲的“奥地利红酒丑闻”。[10]

欺诈丑闻曝光后，奥地利所有红酒出口被暂停，整个产业受到了前所未有的巨大冲击。红酒丑闻传遍欧洲后，欧洲各地出现了“奥地利人冬天出门只穿短裤，因为他们每天喝防冻液”之类的笑话。一时间，奥地利的国际形象成了笑柄。

当经济情况急转直下时，经历过繁荣期的经济主体会对当年的甜蜜念念不忘，为了防止利润进一步减少，甚至不惜做出欺诈等犯法的勾当。比如说，金融机构会指示一线员工向客户推销手续费最昂贵的金融产品。通常情况下，在金融机构前台办理业务时，前台业务员更多考虑的是自己的业绩提成而不是客户的利益。

当经济形势不妙时，政府会选择隐瞒。不仅韩国如此，作为发达国家的美国也是一样的。在 2008 年全球金融危机爆发之前，美国前总统布什一再强调美国经济非常平稳。但没过多久，美国经济在遭遇了前所未闻的危机后陷入了衰退。

当经济走下坡路时，金融机构和媒体会释放大量假信号。为了在危机中生存下来，部分经济主体会不断地传播大量假信号。如果我们被这类假信号欺骗，未能捕捉真正重要的信号，那么必将承受巨大损失。**在经济动荡的当下，我们要学会辨别信号，用自己的慧眼识别出真正有价值的信号。**

不要被统计的致命诱惑欺骗

在美国，当人们寻找一处想要居住的城市或社区时，他们通常会优先参考该地区的犯罪率数据。美国政治杂志《国会季刊》（*Congressional Quarterly*）会定期发布与人口数进行对比的各大城市的犯罪率。与人口数进行对比后统计的人均犯罪率真的能准确筛选出犯罪的多发地区吗？

城市中心地带的居住人口不多，因此在统计数据上人口数是稀少的，但白天会有大量上班族从郊外来到市中心。然而奇怪的是，郊区居住者在市中心犯罪后会被统计为市中心的犯罪案件。因此，将犯罪案件总数除以市中心居住人口后，市中心的犯罪率会直线提升。美国圣路易斯市的人均犯罪率高居全美第二名。

但凭借这个数据就能断言圣路易斯是臭名昭著的犯罪都市吗？美国密苏里大学圣路易斯分校的理查德・罗森菲尔德（Richard

Rosenfield）教授和珍妮特·劳里森（Janet L. Lauritsen）教授将从郊区来市中心的上班族的犯罪数据剔除后发现，圣路易斯市的犯罪率跌落到了第 120 名。[11]美国的居住人口人均犯罪率引来了不必要的误会，实际上没能提供任何有价值的信息。即便如此，不少学者仍然会引用未经调整后的原始犯罪率数据。这些统计不但会助长地区居民的偏见，甚至可能使政府推出错误的政策。由此可见，盲目相信统计数据是不靠谱的。因为统计时往往会弄混相关关系和因果关系。有句谚语叫“鸟飞梨落”，有时两件事情之间会有一定的关联，但未必两者之间就有必然的因果关系，而这些错误的因果关系常常会使我们作出误判。

因果倒置的判断更加危险。例如，如果做一次美国主要城市的犯罪案件数与警察数量之间的关系调查，会发现两者之间呈现高度的正相关。所以就能断定“警察数量越多，犯罪案件越频发”。这样的论断是合理的吗？如果我们相信这个因果倒置的论断，那么会得出在犯罪高发地区减少警察配置可以降低犯罪率的怪异结论。[12]

警察数量和犯罪率之间的因果关系错误是比较容易看出来的。但经济问题会通过复杂的相互作用进化，其过程非常复杂多变，因此很容易将经济问题的相互关系误认为因果关系或陷入逆因果关系的误区。

当股市暴跌时，分析师们会找出看起来关联度较高的特定事件作为股市暴跌的理由。如果单纯的投资者坚定地相信他们的说法，那很可能会认为在特定事件结束后，股价必然会出现反弹。但股市一旦进入低迷期，我们会发现导致股市暴跌的原因并非分析师们指出的显而易见的事件，而是深藏在市场底部的根本性问题。因此，该特定事件收尾后，我们依然可以发现股价有时会进一步下跌。投资者在没有洞察真正的因果关系的情况下，陷入盲目自信的状态中作出投资决策是非常危险的。

尤其要注意的是，我们不能只接收自己想看到的统计内容。这种致命问题不光出现在普通投资者身上，在财政官员身上也偶有发生。最为典型的案例是，在 1997 年亚洲金融危机爆发前夕，韩国的外汇储备量已岌岌可危，但只看重统计数据的财政官员们却坚信经济基础是牢固的。甚至有时财政官员们会改变统计方式本身，从而引发经济繁荣的错觉。20 世纪 90 年代后期，在千禧年互联网泡沫的推动下，美国股市屡创新高。当时有专家警告称，美国的劳动生产率并没有大幅提高，因此需要警惕泡沫。但在 1999 年，美国的劳动生产率却奇迹般地提高了。在这个统计结果发布后，部分经济专家和投资银行宣称，过去的经济规律不再适用于当下的新经济。

遗憾的是，劳动生产率的上升仅仅是通过统计手段做出来的假象。生产率大致上是通过货币和服务的附加价值来测算的。比方说，如果 1 小时内可生产出 100 万韩元附加价值的商品，那么每小时的生产率是 100 万韩元。1990 年，美国政府认为原有的生产率测算方式无法准确测算出计算机的性能提升。随着技术的发展，计算机的性能在突飞猛进，但计算机的价格却在走下坡路，因此他们认为原有的统计方法未能准确反应信息通信行业的生产率提升。美国劳工统计局决定将计算机的性能提升反映到生产率的统计中。新的统计方法如下，假设两台计算机的价格同样是100万韩元，如果其中一台计算机的性能超出另一台一倍时，则将其相关生产率提升一倍，即每小时创造了200万韩元的附加价值。90年代每小时劳动生产率的涨幅不过年均1%~2%左右，但在1999年第三和第四季度出现了5%和6.4%的暴涨假象。这类统计手段造成的假象被专家包装成了股市暴涨的背后逻辑。这一障眼法最终也没能拦住千禧年互联网泡沫的破灭。在2000年，代表美国新兴技术股的纳斯达克指数出现了暴跌。当时，坚信美国劳工统计局发布的生产率统计报告的投资者们遭受了惨重的损失。

错误地利用统计会带来致命的危险。纽约州曾经为了促进各地医院的竞争，提升医疗服务水准，特别推出了跟踪心脏病患者死亡率的评分表制度。乍一看比较死亡率像是评定心脏科专业医师的客观又合理的方法，但这个评分表却带来了意外的副作用。对评分表产生敏感和厌恶情绪的美国心脏科专业医师们为了避免承担责任，想方设法不给病危的患者进行手术，还找出各种借口将病危患者转送去其他医院。罗切斯特大学医学院的调查结果显示，83%的纽约州心脏病患者未能及时接受血管扩张手术。[13]更令人唏嘘的是，那些不回避病危患者，选择尽心尽力抢救患者的医生们最终获得的评价却远低于那些推卸责任并拒绝手术的不道德的医生们。**由此可见，统计的误用会带来致命的危险。我们必须详细地分析具体情况，作出相应预测后再利用统计内容。**

不能盲目信任媒体，要冷静分析

2003 年 4 月 4 日，韩国 MBC 电视台发布了一则题为“微软公司董事长比尔·盖茨遇刺身亡”的新闻。新闻中甚至还有“微软董事长比尔·盖茨在参加一次宴会时，不幸身中两枪，送往医院后不治身亡”的细节描述。

很快，韩国的 SBS 和 YTN 电视台，《韩民族日报》（网络版）和《朝鲜日报》（网络版）等主要媒体跟进了“比尔·盖茨遇刺”的新闻，并作了大量竞争性的报道。

该消息发布后，韩国 KOSPI 指数出现了急跌，与微软公司存在竞争关系的韩国本土企业 Hancom 公司的股价大涨了 9%，韩国金融市场一度出现了不小的波动。

不久后，该报道被证实是误报。事件源于一个玩笑，美国的一位网友为了在愚人节搞怪，特地做出了一个假的 CNN 网站。该网友做出的假网站上刊出了一则题为“比尔·盖茨遇刺身亡”的假新闻，而看到此消息的 MBC 电视台第一时间播出了快报，其他媒体为了追赶热点，也在未进行充分查证的情况下，就贸然播出了大量相关新闻。更让人啼笑皆非的是，在 3 月 29 日，韩国媒体《每日经济新闻》曾刊出该假 CNN 网站的相关报道，并表示该事件已在美国成为愚人节玩笑。而几天后，也就是在 4 月 4 日，韩国媒体们争相报道了该假网站的这个假新闻。MBC 电视台在播出该新闻 10

分钟后，才发觉是假新闻，于是很快播出了致歉报道。紧接着，其他媒体也发布了致歉声明。虽然第一个播报的MBC电视台已承认该事件属于“重大过失”，但在股市中依据该新闻作出抛售决策的投资者们已经难以挽回损失了。

媒体的误报问题不仅存在于韩国。美国俄勒冈大学的迈尔（Maier）教授得出的研究结论显示，美国媒体发布的新闻中有60%左右存在着错误。所以即便是公之于众的新闻，也不一定那么精准，我们要学着发现新闻中是否存在反常识的内容。那么媒体为什么会经常播出这些错误的新闻呢？

首先，媒体每日要忙于竞争性的快报竞赛，因此难以对每一件事情进行彻底的验证。再者，媒体方面不需要非得彻底验证完后，再发布新闻。除非是像“比尔·盖茨遇刺”这类的大新闻，其余的日常小新闻是很难追踪首次发布误报的媒体的。媒体更关注的是怎样才能吸引眼球，进而提升新闻点击量。因此，比竞争单位多播出一个令人感兴趣的报道要比执着于精准的报道更有利。

2009年初，美联社曾报道，有人在25天内连续游泳3 380千米，并一举创造了新的世界纪录。[14]乍一看这似乎是惊人的奇迹，仔细计算一番就会发现，这绝对不是人类可以创造的纪录。因为如果一个人想要创造上述纪录，他必须以1 500米自由泳世界纪录保持者的游泳速度连续25天一刻不停地游泳才可以。怎么会出现这种误报呢？后来才发现，该新闻的主角其实并没有亲自游泳3 380千米，他只是连续25天抓紧游艇后方，一路跟过来的勇者。美联社在不经查证的情况下报道了这则新闻，导致世界各地的媒体纷纷转发。该新闻的主人公则短暂地享受了世界游泳界传奇人物的称号。

美联社以及其他转发的媒体只要用点心稍微计算一下，即可发现这一“传奇”是个多么不堪一击的谎言。然而，终日忙着速报竞赛的媒体，更喜欢花更多时间去发掘新鲜且吸引人的新闻，而不是苦苦地去做验证。媒体天生就有这些局限性。因此，我们在日常生活中发现不合逻辑的报道时，要提高警惕，敢于提出合理的质疑。

第二个问题就是在与受访者或广告客户的利害关系上，媒体始终身不由已。房地产相关报道，更是让大家产生满腹疑惑。2018年9月13日，韩国政府推出强硬的房地产政策后，房地产市场的交易量大幅缩水。即便政府如此管制房地产市场，次月，新闻媒体依然表示房地产交易量有所上升。

2018年10月17日，《韩国文化日报》报道了一篇题为“交易失踪？……10月份，首尔楼市交易量位居第二”的新闻，强调10月份的楼市交易量有所增加。10月9日，《朝鲜商务》也在一篇题为“交易萎缩是杞人忧天……首尔地区楼市的实际交易量有所增加”的新闻中表示，虽然政府发布了房地产管制措施，但首尔地区的楼市交易量反而增加了。

韩国政府发布“9·13房地产政策”以后，房地产市场事实上进入了寒冬，现在已是众所周知的事实。那当时为什么会有那么多的假新闻呢？原因就在于房地产交易申报制度。按照当时的房地产交易申报制度，购房者在交易房产后的60日内进行申报即可，所以 10 月份的房地产交易申报中包括大量 8 月和 9 月的交易内容。在“9·13 房地产政策”出台之前，房地产交易量是暴增的，所以 10 月份会出现大量的房地产交易量申报。如果想确认 10 月份的实际成交量，那必须等到 11 月以后的统计结果发布。对于经济部的记者而言，这是最基本的常识。《朝鲜商务》甚至在该报道中介绍过上述的申报制度，但却把报道标题写成了“交易萎缩是杞人忧天……首尔地区楼市的实际交易量有所增加”这样的吸睛标题。

更大的问题在于那些经常上电视节目和新闻的所谓房地产专家们。虽然他们的头衔不尽相同，但实际上他们从事的都是房地产开发或房地产咨询一类的工作。因此，即使这些专家们的实力再出色，也会因自身利益关系，无法真正客观地作出房地产价格下滑的预测。

2018 年，某个财经电视台被观众质疑是否将房地产电视节目的制作权限出售给了房地产销售商。陷入质疑的电视节目内容实在是有失客观，节目一再反复强调了房价暴涨的可能性并重复推荐了特定的楼盘。他们的营销手段非常具有诱惑力，就像电视购物广告一般，会使观众产生“如果现在不入手，那就会后悔一辈子”的错觉。即便这个电视台没有将节目制作权出售给房地产销售商，这种节目论调严重破坏了媒体的职业操守。

现实中，许多媒体依赖于房地产开发商的广告盈利。因此，媒体与房地产开发商或销售商的利害关系是显而易见的。媒体很难发出客观公正的声音。凑巧的是，鼓吹房地产价格将走向高点的新闻报道总是在一轮房价暴涨之后出现。房地产开发商希望在房价回落之前尽最大可能抬高房价并以更高的价格出售，媒体则希望趁机多获得几份商业广告。两者一拍即合，上述的广告就会出现在大众的视野中。泡沫会在被挤破之前的最后一瞬间向我们传递出最具诱惑力的信息。

第三个问题是媒体会拿相同的案例作出截然相反的解释。2004年和2005年对烧酒销量的相关报道就是典型的案例。2004年，当烧酒销量减少时，《东亚日报》刊发了题为“经济萧条长期化……平民酒——烧酒也在滞销”的报道，《朝鲜日报》也刊发了题为“没钱买烧酒……内需萧条下看不到未来”的报道。[15]或许大家可能认为在经济萧条期里家庭收入下滑，百姓喝不起烧酒是正常的。

不过在2005年，当烧酒的销量创历史新高后，上述的媒体竟然给出了完全不同的解释。《东亚日报》刊发了题为“经济萧条下，人们是通过烧酒和香烟安慰自己的吗？”的报道，《朝鲜日报》也刊发了题为“因难以忍受萧条，一怒之下消费了更多烟酒”的报道。这些媒体给出的结论是，无论烧酒的销量增长还是减少，都该怪罪于经济萧条。

那么当时真实的经济情况如何呢？萧条发生的时间不是2004年，而是发生于信用卡危机来临的2003年。烧酒报道初登报端的2004年经济急速恢复，经济增长率达到了4.6%，因此，2004年应该算是准繁荣期。上述媒体报道中的“没钱买烧酒”或“一怒之下消费了更多烟酒”的说法是不符合当时经济状况的。

韩国的媒体经常会预先指定报道方向或立场，然后寻找相应的事实佐证先前预设的立场。因此，无条件接受媒体的报道并作出相应的投资决策是十分危险的，很可能会因误判形势遭受巨大的财产损失或遗憾地错失宝贵的投资机会。**若想保住自身的资产，必须学会彻底分离媒体给出的客观指标和解释，并尝试进行独立思考，永远要以具有批判性的眼光来审视媒体的报道。** 尤其是与经济问题相关的报道会非常复杂，难以琢磨，所以要格外注意。

识别假信号的四个原则

“巧克力消费量大的国家更容易产生诺贝尔奖获得者。”这并不是搞笑网站里的段子，而是在2012年刊登在世界权威医学杂志之一的《新英格兰医学杂志》（*The New England Journal of Medicine*）上的论文中的内容。内科医师弗朗茨·梅瑟利（Franz H. Messerli）主张巧克力中的多酚成分对智力改善有一定效果，并发表了一篇主旨为“巧克力消费量大的国家更容易产生诺贝尔奖获得者”的论文。乍一看这个论文的结论似乎有一定道理。不过这篇论文发布后不久他便成为众多营养学家和认知心理学家的嘲笑对象。理由是这篇论文中的论据太不靠谱，未能证明巧克力消费量与诺贝尔奖得主数量之间的因果关系。

巧克力中的多酚成分究竟能不能有效提升人们的智商呢？更关键的问题是，多酚广泛分布于绿茶、红酒、大豆和咖啡等其他食物中。而这篇论文将含有多酚的食物限定为巧克力一种，以此为前提进行研究，所以这项研究本身存在非常严重的缺陷。

相反，巧克力消费量大意味着该国的生活水准高，很可能是发达国家。因此，一个国家或许因富裕而产生了多位诺贝尔奖得主。这种可能性似乎更大。之后，这篇论文基本没有被引用于医学或药学方面的论文中，反而被当作错误解释指标的典型案例了。

经济问题中，误判信号或将垃圾信息误认为信号后，大举投资并惨遭失败的案例比比皆是。因此，正确判断信号的能力无比重要。那么有没有办法可以避免将垃圾信息误判为信号呢？或者有没有办法可以避免进入因果关系的误区呢？为了精准地解读经济信号，我们必须克服人性的弱点，试着用最客观的方法对待指标。为了达成上述目标，让我们一起努力遵守下面的四个原则。

★ 要摆脱蒙蔽双眼的贪婪

在资本主义社会，想获得一定的成功，那必须要有一点贪婪。不过指向错误方向的贪婪会麻痹我们的理性。尤其在投资股票等风险资产时，我们不能指望每天能够获得正收益。如果被贪婪蒙蔽了双眼，那么市场中最危险的信号也会被积极地解释为千载难逢的机会。

★ 不要落入确认偏向的陷阱中

投资人必须要以最客观的眼光来看待一切问题。因此，落入确认偏向的陷阱是非常危险的。确认偏向是指一个人只愿意接受自己偏爱的信息，而刻意无视其他信息的状态。落入确认偏向的人会按照自己偏爱的基准随意理解或歪曲所有的信息。为了不落入确认偏向的陷阱，我们必须以客观的角度看待一切问题。

★ 最差的瞬间也要保持冷静

一旦经济状况恶化，人们很容易陷入恐慌。在繁荣的尾声，盲目相信繁荣会永续下去的人们一旦真正遭遇危机就会落入恐慌的情绪中，不知所措。这些人甚至会看不到经济恢复的信号，从而错失良机。危机永远伴随着机遇。但落入恐慌的人是无法看见或把握住机遇的。人们总是在房价或股市红红火火之后才会对它产生兴趣。但最好的投资机会往往是在别人放弃或绝望的瞬间来临。

★ 永远要有 B 计划

很遗憾，完美的预测是不存在的。这个世界处在无法完美预测的复杂系统之中。经济更是在各种不确定因素的相互作用下，非线性地移动着，还有我们根本无法预测的风险，即“黑天鹅事件”随时可能爆发。因此，建议准备一份能够顽强抵御各种突发事件的投资组合或永远准备好一份能够抵御各种变数的“B 计划”。

第二章开始我会详细介绍展望未来时所必须掌握的六种重要经济信号，并学习其准确的意义。在海量的信息中筛选出重要的经济信号并精准分析后，作好相应准备是备战充满变数的未来时需要掌握的最核心技术。

CHAPTER 2

把握六种信号来透视经济

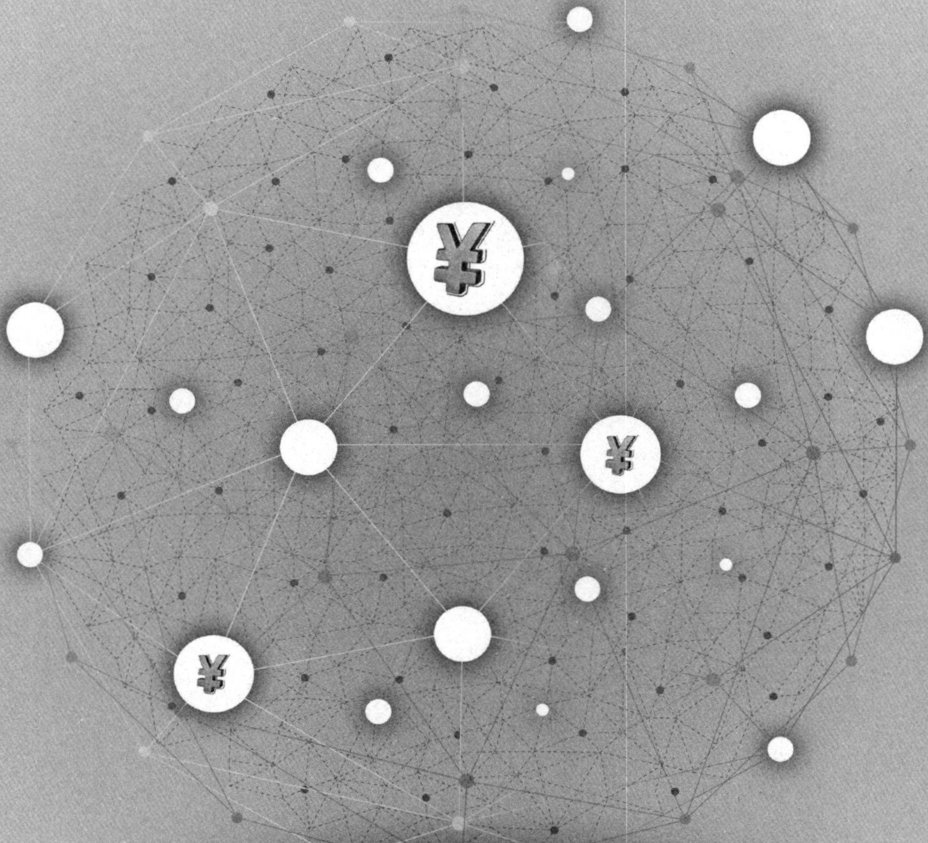

头脑要冷静，内心要热情。

——阿尔弗雷德·马歇尔（Alfred Marshall）

1 利率信号：注意利率下调的时间点

美国的利率上调引发了危及所有人的危机

20 世纪 90 年代至 2008 年的全球金融危机期间，美联储分别在 1994 年、1999 年和 2004 年提高了基准利率。每轮加息都引发了经济动荡。过去拥有大量美元外债的新兴经济体成为危机的最终受害者，但近年来，美国和欧洲的发达国家也未能幸免于利率提升带来的灾难。

1994 年，美国为了稳定物价，提高了当时年利率为 3% 的基准利率。随即，流入发展中国家的大量资金回流到了美国，直接引发了墨西哥外汇危机。

加息周期结束两年之后，以泰国为起点，亚洲金融危机爆发了，最终给韩国也带来了灾难性的打击。

1999 年，美国为了稳定物价，一年之内将当时 4.75% 的年利率提高到了 6.5%。虽然利率只提高了 1.75%，但此次利率提升成了千禧年互联网泡沫破灭的导火索。互联网泡沫被挤破后，全世界的互联网企业的股价遭遇了史无前例的暴跌。1999 年，曾突破 11 500 点的道琼斯工业指数在三年时间内暴跌了 35%，最终跌破了 7 400 点。纳斯达克指数从 4 300 点跌到了 1 100 点左右，累计下跌 75%。

第三轮加息是在 2004 年。资本市场出现了房价暴涨等经济过热现象，为了稳定市场，美联储决定快速提升基准利率，经过 17 次的连续加息，2004 年初为 1% 的基准利率，在 2006 年 7 月，达到了惊人的 5.25%。

加息带来了严重的后遗症。2007 年，也就是美联储结束连续加息操作后的第二年，美国房地产价格开始出现下滑。房价只稍微下滑了一点，却导致大量购房者难以偿还债务，最终引发了大规模金融危机。次贷危机最终演变成了 2008 年的全球金融危机，美国和欧洲发达国家，还有新兴经济体都付出了惨痛的代价。

20 世纪 90 年代至 2008 年金融危机之间总共经历了三轮加息周期。每次加息过后，地球的某个地方就会发生资产价格崩溃或爆发金融危机。那么 2015 年开始的美联储加息举措能否躲开以往的“加息诅咒”呢？

本次加息幅度并没有以往那么大，但各地已经出现了异常现象。2018 年初，阿根廷和土耳其相继出现了危机的前兆。世界各地出现的恐慌信号说明，最近几年世界经济的基础已被严重削弱。

2008年全球金融危机爆发以来，在超低息和量化宽松政策下，享受美好日子的新兴经济体将成为这一轮加息周期的受害者。近几年，沉醉于超低息的新兴经济体的企业加大了对生产设备的投资，继而引发了产能过剩。加之，大量资金涌向房地产市场并抬高了世界各地的房产价格，逐渐造成了巨大的资产价格泡沫。

在这样的背景下，美联储在2015年开启了新一轮的加息，很快市场出现了大逆转。超低息时流入新兴经济体的热钱逐渐回流到了美国等发达国家的金融市场，新兴经济体出现了资金短缺的问题。

2015年6月，中国上证综指创下了5 100点的新高。2015年12月，美国开始新一轮加息周期后，两年多的时间内上证综指持续下滑，最终跌到了2 500点左右。印度、印度尼西亚和巴西的货币价值则在这两年内累计暴跌了20%～30%。

当新兴经济体的大量资金持续流出时，这些国家的股市会暴跌，货币会贬值，房地产价格也会出现崩塌。而资产价格的持续下滑可能会触发大规模违约事件，进而动摇金融系统并引发信贷紧缩。世界金融市场已融为一体，当一个国家出现金融危机后，其他国家会开始迅速收缩资金。因此，信贷紧缩可以跨越国境并扩散到其他国家。

通常情况下，美联储会在经济最景气时开始加息。因此，加息后不久通常会出现股市暴涨和房地产价格上升的情况。在这种情况下，媒体会发出大量“此次加息与以往不同”的报道。在这种大环境下，人们很容易相信舆论，盲目地认为危机不会再次降临。

遗憾的是，美联储加息往往都是预示经济发展即将停滞的重要信号。我们要特别关注停止加息的瞬间。因为，美联储会在经济发展停滞的征兆出现后停止加息。综上所述，美联储开始加息可以理解为经济将由繁荣走向巅峰的信号，相反停止加息则意味着繁荣即将结束。

关注停止加息的瞬间

2015 年开始的最新一轮美联储加息有着史无前例的缓慢和渐进式的特征。这次美联储在加息前给市场传达了明确的信号，并根据信号提高了利率。为什么美联储会这么缓慢地加息呢？这种渐进式的微弱加息真的不会有副作用吗？

投资者不能无条件地将美联储的缓慢小幅加息认为是一种利好。美联储采取慎重的态度是有理由的。

第一，美联储了解以往的加息都导致了某个国家的经济危机，担忧快速加息可能会引发信贷紧缩，从而对刚走出金融危机的世界经济造成毁灭性打击。

第二，经历 2008 年金融危机后，美国发现自己也会受到加息所带来的冲击。在 2008 年全球金融危机爆发之前，美联储加息的受害者往往都是新兴经济体，美国和其他发达经济体从未受到过冲击，甚至还给美国带来了巨额财富。所以美国无视其他国家的危机，选择了加息。比如说，1997 年亚洲金融危机爆发以后，韩国和东南亚国家的股市和货币价值出现了暴跌，这时发达国家的金融资本大举杀入并以低价买走了大量的优质资产，最终获得了超额收益。

不过在经历 2008 年全球金融危机后，美国开始对加息采取非常谨慎的态度。美国经济依靠量化宽松政策艰难恢复之后，如果美联储过快地加息，美国经济可能重蹈 20 世纪 30 年代后期的覆辙，当时美国认为已经完全克服了经济大萧条，于是采取了加息措施，这一误判引发了更严重的经济萧条。

第三，2008 年以后的很长一段时间内，美国的基准利率在 0% 左右。因此，小幅加息也可能会给美国乃至全世界经济带来巨大冲击。比如说，当年利率从 5% 提升至 7.5% 时，提升幅度为 1.5 倍，但当 0.25% 提升至 2.75% 时，提升幅度是惊人的 11 倍。虽然都是提升了 2.5% 的利率，但因为加息前基准利率的差异，最终给市场带来的冲击也会不同。

第四，在零利率和量化宽松政策下，物价意外地保持了平稳。即便美联储慎重上调利率，如果出现物价暴涨的局面，那美联储也不得不跟着上调利率。在美国经济繁荣的情况下，物价较为平稳，未出现大幅上涨，因此，美联储能够慎重上调利率。

2008 年以后，在量化宽松政策背景下，物价却始终保持着较低水准，这至今是未解之谜。我认为可能是美国等主要发达国家进入老龄化社会后，像20世纪90年代的日本一样出现了劳动人口减少以及经济活力衰退的现象，从而降低了物价上升的压力。另外，随着全球化的推进，通过全球供应链，世界各国可以较低成本生产出最终产品，这可能也是物价保持稳定的重要原因。中国企业通过低廉的劳动力、政府补贴以及低成本的融资优势生产出低价的工业制品后对全世界出口，这无疑放缓了物价上升速度。

美联储选择缓慢加息的最大原因是美国经济基础已变弱。美国经济处于繁荣期时，有能力支撑5%~6%的基准利率。但当下的美国经济无法与10年长期繁荣的名声相匹配，甚至连2%左右的基准利率也难以支撑。如果美联储在当下基准利率为3%左右时选择停止加息，这会是一个非常重要的信号。显示过去10年通过量化宽松和零利率政策打造出来的繁荣经济其实已经无比脆弱。

下一步我们要关注的是美联储停止加息的时间节点。美联储停止加息后，媒体和投资界很可能会预测股市上升。1995年和2006年，美联储停止加息后，美国股市都出现了10%以上的涨幅。但是这种股价上升就像大火熄灭之前的最后一朵火花。美联储停止加息并不是积极的信号。停止加息意味着美国经济的繁荣期已结束，经济增长将会出现停滞。

停止加息大约6~24个月后，美国股市基本上都出现过暴跌。在2000年，美联储停止加息后，互联网泡沫甚至立即被挤破，股价出现了大幅下滑。事实上，美联储汇聚着美国最权威的经济专家。现实中很难找到比美联储更能准确洞察经济形势的机构了。因此，基准利率是美联储如何预测经济形势的一个重要信号。

如果美联储在 2019 年的某个时间决定停止加息，那会出现什么情况呢？本轮加息周期比较特别，加息速度非常缓慢，因此，这次可能会出现与以往不同的情况。

先说一下积极的一面。即便出现经济增长停滞的局面，这次应该很难再出现上轮加息周期时发生的系统性风险而引发的金融危机。美联储曾多次发布警告，给各大经济体预留了足够多的准备时间。因此，美国及世界各国会事先作好加息前的准备。

当然，也有不少不利的方面。美联储在本轮加息周期中未能充分提高利率，加上量化宽松政策的影响，如果经济危机即刻爆发，那么届时美联储的降息余地将十分有限。另外，过去几年美联储已向市场投放了大量资金，因此出现危机时难以继续大规模投放。目前，面对新的经济危机，政府已经没有多少可采取的调控政策了。加上特朗普执政后推出的减税和扩大财政支出等政策已充分消耗了可调控手段，因此，虽然一定程度上系统性金融风险出现的概率降低了，但面对经济萧条，政府目前很难找出有效的政策手段。

“长短期利率倒挂”并非“开始”按钮

利率的高低跟金钱借贷的时间长短有关联吗？借贷的时间越久，利率就越高吗？还是时间越短，利率越高？通常情况下，借贷的时间越久，需付出的利率就会越高。比如说，借出1亿韩元时，10年期和1年期的利率会有所不同。因为时间久，所以中间可能会出现各种风险。因此，长期的借贷利率会高于短期的利率。

但偶尔会出现特殊的“长短期利率倒挂”的现象。市场通常将长短期利率倒挂的现象解读为经济衰退的重要信号。

为什么在经济衰退之前会出现长短期利率倒挂的现象呢？短期利率主要受当下经济条件的影响。比如说，短期内出现大量内需品购买需求时，短期资金需求会提升。相反，长期利率反应的是人们对未来经济增长的期待。

如果越来越多的经济主体担忧未来经济难以持续繁荣时，又会出现什么情况呢？届时短期资金需求会提升，短期利率会走高，但面对不确定的未来，越来越多的人可能会选择增加储蓄或大量购买长期债券，那长期利率会相对走低。

因此，越到繁荣期的尾声，长期利率和短期利率就越接近。如果人们对未来经济的忧虑越来越严重，那甚至会出现长期利率和短期利率倒挂的情况。长短期利率倒挂可以看成是各大经济主体担忧繁荣即将结束的一种信号。

回望过去，我们可以发现长期利率和短期利率出现倒挂或差距缩小后，通常过6~18个月以后会出现市场恐慌或经济危机。**因此，长短期利率倒挂或缩小可被认为是预示经济走向的强力信号。**通常情况下，2年期或6个月短期国债的利率大于10年期长期国债利率时，我们称之为“长短期利率倒挂”现象。

如果要查看美国长短期利率的最新数据，大家可以访问由圣路易斯联邦储备银行提供的经济统计网站：FRED（Federal Reserve Economic Data）。[1]这个网站免费提供含有大量信号的重要经济统计资料和数据，非常有用。

下图表示的是，1983年以后美国10年期国债利率扣除2年期国债利率的数据走向。仔细观察后，可以发现这期间总共有过3次长短期利率倒挂。

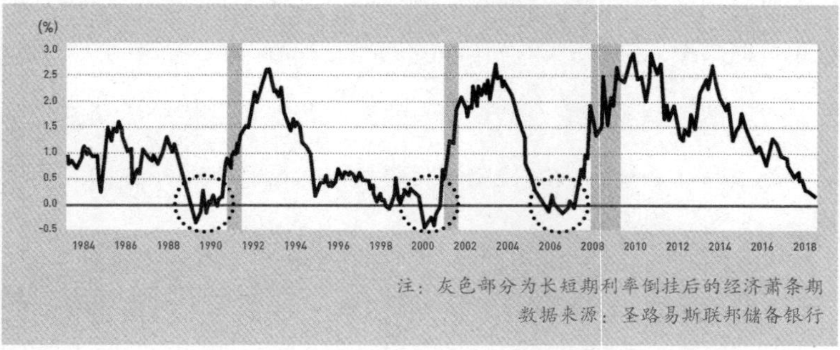

图2－1　10年期国债利率扣除2年期国债利率的数值（T10Y2Y）

第一次倒挂出现于1989年1月。没过多久，日本的股市泡沫破灭了，紧接着在1990年，瑞典等北欧三国的房地产市场泡沫先后破灭。当年夏天，美国的股市也出现了20%以上的暴跌。

2000年初，长短期利率倒挂再次出现，紧接着互联网泡沫破裂，美国股市暴跌。尤其是以科技股为主的纳斯达克指数经历了从2000年2月开始的长达2年半的下滑期，最终纳斯达克指数暴跌了78%。这是美国金融史上最凶狠的跌幅。

2006年长短期利率倒挂再次出现，一年之后，美国的房地产价格和股市开始出现下滑，并于2008年出现暴跌，随即引发了以美国为起点的全球金融危机。之后为了克服全球金融危机，美国出台了量化宽松和零利率政策。

由此可见，发生长短期利率倒挂后必定会出现危机或萧条。我们应该对2014年以后出现的长短期利率差缩小予以重视。不远的将来，我们很可能会迎来长短期利率倒挂的一天。在韩国，长短期利率差急剧缩小的问题也出现过。2018年12月，韩国10年期国债和3年期国债的利率差在短短26个月的时间内缩小到了0.2%。韩国银行虽然上调了利率，但对未来经济的悲观预期持续压制着长期利率的上升。不过韩国的长短期利率差作为经济先行指标的效用不如美国，仅作参考即可。

观察长短期利率差时需要注意的是，长短期利率差缩小这一现象本身并不意味着萧条。长短期利率差缩小的时期往往会出现资产价格飙涨的情况，所以将长短期利率差缩小本身当作危机信号的话，可能会错过最繁荣的时期。比如说，2004年以及2013年以后长短期利率差缩小的时期，美国的房价和股市出现了史无前例的暴涨。

如上所述，长短期利率出现倒挂后危机并不会立即出现，中间往往会有一定的时间差。**相比长短期利率差出现缩小的时间点，危机更多的时候会在触底反弹的节点出现。所以我们应该关注长短期利率差几近为零后，再度拉开的时间点。**

当然只关注长短期利率差也并不靠谱。在长短期利率差接近零时，如果外部环境出现大冲击的话，即便利率没有出现倒挂，也可能立即引发经济动荡。因此，我们不能执着于长短期利率差发生倒挂的瞬间，更应该关注长短期利率本身的变化。

如果说美联储的加息和降息是世界最牛专家集团的预判，那么长短期利率差则是市场参与者们的集体智慧。如果就准确性而言，长短期利率差是比美联储的利率决定更重要的信号。

美联储的决定多少会受到政治界的影响，因此其准确性要打一定的折扣。比如说，考虑到 2020 年特朗普的总统竞选，美联储可能会提前停止加息或选择降息。为了更准确地解读利率带给我们的信号，我们有必要多关注长短期利率的变化。

2 负债信号：速度比规模更重要

不要被债务堆积的虚假繁荣欺骗

2007年上映的电影《超时空泡泡机》很好地展现了日本人对回到泡沫经济时代的渴望。该电影讲述了一个主人公穿越时空回到日本房地产泡沫破裂之前并成功挽救日本经济的故事，主人公由日本国民女星广末凉子扮演。生活在日本漫长萧条期的主人公真弓有一天突然得知母亲已自杀身亡，男朋友为了躲避200万日元的债务也销声匿迹了。

在绝望中被债主追赶的真弓偶遇了母亲大学的同窗下川路。在财务省担任官职的下川路向真弓提议，如果她能穿越时空回到过去并阻止房地产管制政策的发布，那他可以帮忙解决她的债务问题。于是真弓坐上滚筒式洗衣机穿越回了 17 年前。回到过去的真弓发现泡沫经济时代的日本非常繁荣。偶然参加派对的她竟获得了价值 200 万日元的奖品。

真弓成功地阻止了“邪恶”官僚发布房地产管制的政策，挽救了濒临崩溃的日本经济。之后，日本经济持续了 80 年代的繁荣，而真弓也过上了美好生活。

这部电影的故事告诉我们，当泡沫破裂之后，人们往往会将矛头指向当时发布房地产管制政策的政府部门。事实上，20 世纪 80 年代日本经济的真正问题在于史无前例的巨大泡沫，而不是房地产管制措施。引发经济危机的真正罪魁祸首是那些在任期内用债务创造虚假繁荣的官僚。

1986 年，在日本经济并不糟糕的情况下，日本大藏省长官宫泽喜一宣布要应对经济萧条并大幅降低了富裕阶层的所得税税收标准，导致政府税收大幅减少，为了刺激经济，日本政府决定向市场投放大量资金。最终，日本政府背负了巨额的债务。宫泽喜一为了在自己任期内提升经济增长率，竟然逼迫日本银行降低基准利率。虽然日本银行对此表示担忧和不满，但迫于压力最终选择了降息。

在庞大的财政赤字和超低息政策的推动下，巨额债务像怪物一般一举吞噬了彼时健康的日本经济。原本偏爱安全投资的日本人没能抵挡大量超低息资金的诱惑，他们以超低息借贷后买入了大量股票和房地产。日本的股市和房地产价格从此扶摇直上。世界各国纷纷警告日本，其债务总量已超出其可承受范围，但日本人认为那些质疑是外界对其繁荣经济的羡慕和嫉妒。沉醉于虚假繁荣的日本官僚和媒体甚至提出日本要引领世界经济。

但好景不长，依赖于巨大债务的日本经济不过是纸老虎。直到有一天，大藏省和日本银行认为房地产价格增速过快，于是决定推出贷款管制和加息措施。政策推出后，大家认为永远不会下滑的房地产价格瞬间暴跌了三分之二。一直无视外界警告的日本政府终于恍然大悟，想方设法挽救日本经济。但崩塌的债务规模过于庞大，日本政府推出的各项紧急措施也显得杯水车薪。最终泡沫破灭后，日本经济陷入了长达二十余年的萧条期。

大肆助长债务规模，给日本经济埋下危机隐患的宫泽喜一后来怎么样了呢？他一路高升直至当选首相，后来又再任大藏大臣。当经济崩塌时，矛头会指向时任经济政策负责人，反倒是助长债务危机的宫泽喜一却给大家留下了创造繁荣的美好印象。

20 世纪 90 年代，宫泽喜一正式出任日本大藏大臣。他再度推出了曾经使日本陷入债务危机的老政策，政策内容包括：大规模减税，发行大规模国债等。结果导致日本仅剩的财政收入也被彻底摧毁了。宫泽喜一的经济刺激政策是严重依赖于债务的，当债务规模不断攀升之后，国家财政赤字的半数被迫拿去偿还了国债的利息。

宫泽喜一的债务政策是典型的“不在我任期内即可”的政策。官员的任期是固定的，因此他只需要保证任期内经济不出现问题即可。政策的副作用则可以推给下一届政府。当危机爆发后，大众会指责时任政策负责人。在这种官僚结构下，即便债务规模剧增到无法承受的地步，在任期内用债务刺激经济增长仍算是优越的战略，所以大部分政府会选择继续扩大债务规模来刺激经济。因此，只要危机没有爆发，新政府在上台后会继续危险的债务游戏。

当然，随着经济的发展，债务规模的扩大是正常的现象。**我们要警惕的是债务的增速，尤其是负债占 GDP 比重急剧攀升的现象。** 最典型的案例就是 20 世纪 80 年代的日本。1980 年，日本家庭、企业和政府的负债总和占 GDP 的 190%，1990 年更是进一步攀升至 275%。[2]在债务规模急剧膨胀后，日本的经济泡沫终于破灭了。

2008 年，全球金融危机爆发前的美国也是如此。2000 年，美国的总负债占 GDP 的比重为 180%，到 2008 年全球金融危机爆发时攀升到了 230%。当负债总规模剧增后，号称世界最强经济体的美国最终也沦陷成了金融危机的发源地。

我们通常只关注当前的债务规模。甚至比较各国的负债率，认为负债率高的国家更危险。**事实上，近期债务攀升速度是比债务绝对值更重要的信号。**

摩根士丹利新兴市场主管鲁奇尔·夏尔马（Ruchir Sharma）和他的团队研究了 1960 年以来 150 个国家的民间负债率的变化与经济危机的关联。[3]结果发现，所有发生过危机的国家都在危机爆发前 5 年出现过民间负债率暴增的现象。

夏尔马认为 1997 年亚洲金融危机的发源地泰国的情况最为典型。1992 年，泰国的民间债务总和占 GDP 的比重为 98%，但在

1997年急剧攀升到了165%。沉浸于史无前例的快速增长的泰国政府未能及时关注巨额负债的风险，最终付出了惨痛的代价。

鲁奇尔·夏尔马团队对经历金融危机的国家进行调研后发现，5年内民间负债总和占GDP比重攀升40%以上的30个国家中有18个国家在5年内发生了金融危机。2008年，希腊和爱尔兰的债务增速突破上述标准后，即刻遭遇了主权债务危机，其经济遭受了严重的打击，危机爆发后的5年里其GDP增长率减少了一半。

国际货币基金组织（IMF）也开始关注债务增速问题。IMF表示，民间债务总和占GDP比重在5年内提升30%以上的国家有43个，其中有38个国家经历了金融危机或经济放缓。据IMF推算，当一个国家的债务总和占GDP比重上升1%时，该国发生金融危机的概率会提高0.4%。[4]因此，5年间，民间债务总和占GDP比重增加30%～40%的现象可以当作预示危机的强力信号。

当前，全世界范围内债务剧增的速度是史无前例的。2018年，IMF总裁克里斯蒂娜·拉加德（Christine Lagarde）警告称，世界范围内与日俱增的债务规模已超出安全警戒线。[5]她还强调，债务问题已成为威胁世界经济的潜在风险，为了避免经济出现突然恶化，各国应当即刻开始减少债务。

事实上，全世界范围内的债务规模已迅速攀升至经济难以承受的程度。IMF通过《财政监测报告书》表示，2016年世界190多个国家的政府、家庭和企业债务的总规模为164.4万亿美元。2007年，总债务规模为115.9万亿，大规模债务曾引发全球金融危机，但2016年的总债务规模要比当时的债务规模高出42%。

报告书中指出，当前债务问题最严重的国家是美国。特朗普推出的1.5万亿美元规模的减税政策和3千亿美元规模的财政支出令美国政府的债务情况雪上加霜。IMF担忧美国的财政会出现恶化，并警告称，当经济充满活力时，不应推出不必要的刺激政策。

韩国也不例外。IMF表示，2016年底，韩国总债务占GDP的比重为232%，相比2006年提升了49%。[6]家庭债务的增幅达到了23%，远远超出了企业以及政府债务的增幅。这是受房地产刺激政策的影响，家庭的房屋抵押贷款大幅增加导致的。

这类债务规模急速膨胀的国家会产生哪些危机信号呢？比债务快速膨胀期更危险的是债务停止增加甚至减少的瞬间。当经济无力承受债务后，债务增加的速度会停滞。

债务急速增加的国家通常都是靠债务拉升资产价格的。因此，当债务这一燃料断供后，急速上升的资产价格会急转直下。此时，通过借贷买入资产的人们可能会选择抛售资产，这会导致资产价格的进一步下降并引发债务违约问题，在这个恶性循环的推动下，最终经济会陷入萧条。

债务占GDP比重增速达到40%以上的国家很难推进安全的去杠杆。所以，**当债务剧增的国家出现债务增长停滞或减少时**，我们要把这个瞬间当成重要的危机信号。

危机来临，能用债务再度抵御吗？

黄石公园是非常受欢迎的著名国家公园。1988年6月，黄石公园出现了罕见的山火，在强风的助推下，山火弥漫到了整个公园。有关部门为了控制住山火，出动了大量人力和装备，但见效甚微。后来，火情延续了4个月之久。最终，熄灭山火的是当年9月份的一场雪。在这场大灾情中，黄石公园三分之一的土地被彻底烧毁，这是该国家公园成立后遭遇的最大灾害。

山火最初是由雷击引发的。黄石公园每年会遭遇数以千计的雷击，但造成大灾难的情况并不多。那么为何1988年的雷击引发了巨大的山火呢？

1872年，美国政府决定将黄石地区指定为国家公园。为了保护当地的自然景观，政府采用了积极灭火的政策。[7]其实在自然界发生的大大小小的山火会促进当地的生态循环。而人为灭火的措施反倒是给黄石公园增加了许多易燃的干树枝和枯树。因此，1988年的一场雷击引发的火灾便瞬间扩散到了整个公园。

在1988年大火灾之前，国家公园的管理部门说不定对人为灭火颇有成就感。实际上，管理人员的错误方法增加了公园内的不稳定性，最终一次小小冲击便毁坏了整个公园。

美国旅游协会担忧灾情会减少旅客数量，于是建议通过人工植树打造出新的景观。

但美国国家公园管理局拒绝了该建议，他们决定放任不管。因此，我们在黄石公园可以随处发现1988年火灾后残留至今的树木。从此，美国政府确立了新的国家公园管理原则，即面对自然引发的山火时，不进行人为灭火，最大限度地保留原样，因为人为的介入反而会给公园生态埋下巨大隐患。

与美国国家公园管理局不同的是，美国财政部门似乎没有吸取黄石公园山火带给我们的教训。1980年以来，金融危机会周期性地反复出现，但美国财政部门却迟迟没有解决根源，反复推出依赖于债务的经济刺激政策。

当然，发生经济危机时，是需要经济刺激政策的。但不能不解决根本原因，只通过更强力的刺激政策来应对眼下的危机。这种应对方法会使下一次危机时需要的刺激政策的规模越来越庞大。最终，小小的冲击就有可能引发巨大灾难。

2008年全球金融危机爆发后，美国推出了超低息政策和天文数字般的量化宽松政策。2009年，经济开始复苏之后，美国仍没有解决引发危机的结构性问题，仅仅通过向市场印发钞票的方式刺激经济。

美联储通过三次量化宽松政策，向市场投放了大量货币，并维持了6年以上0%~0.25%的零利率政策。美联储在危机爆发前持有4 796亿美元规模的债券。危机爆发后，美联储持有的债券规模扩大到了4.5万亿美元，大约是原来的10倍。这是由于美联储在向市场投放大量货币时，选择大肆买入民间持有的债券导致的。

不仅美国，还有欧盟、日本以及韩国也以相同的方式保持了经济增长，债务规模也急速增大了。此外，随着发达国家的量化宽松政策释放出的大量资金流入发展中国家，地球上没有任何国家能够摆脱迅速增长的债务规模。

如上文所述，债务的迅速增加是非常危险的信号。此外，随着世界各国债务规模的膨胀，一旦出现金融危机，经济很难能像过去那样通过债务迅速恢复。

就像黄石公园的山火曾失控一样，如果依靠人类历史上最大规模的债务维持的经济出现动摇，形势将比过去的任何危机或衰退更加严峻。加之所有刺激经济复苏的相关政策已几乎用尽，萧条期将变得更加漫长。

3 泡沫信号：股票、房地产……不要被统计迷惑

能否提前预测疯狂的泡沫？

英国南海公司（The South Sea Company）成立于1711年，它在美国和太平洋岛屿上的奴隶贸易和殖民贸易方面拥有垄断地位。此外，当时的英格兰国王詹姆斯一世成了南海公司的首任董事长，给世人树立了“永不破产的公司”的形象并引起了投资者的极大关注。

1720年，英国中产阶级有了闲余资金但找不到合适的投资机会。当南海公司发行新股时，伦敦人纷纷乘着马车赶到证券交易所准备抢购，当时场面非常火爆，以致附近交通瘫痪。结果，南海公司的股价飙升了十倍以上，引发了投机狂潮。当时的殖民贸易虽然属于垄断行业，但仍然

是一项危险的业务，因为它承担着海盗和恶劣天气等各种风险。此外，因为有传言称南海公司的雇员出售了自家股票，导致南海公司的股价一度暴跌了90%。结果，大量投资者为此倾家荡产。这其中包括时任英国皇家造币厂厂长兼天才物理学家艾萨克·牛顿。牛顿早期投资于南海公司股票并赚取了两倍于本金的收益。后来，牛顿发现南海公司股价不断飙升，丧失理智的他投入更多本钱重新买入了南海公司的大量股份。

美国最主要的经济悲观主义者之一，《股市荣枯及厄运报告》（《*The Choom, Boom & Doom Report*》）的主编马克·费伯（Marc Faber）总结了牛顿的投机失败过程。牛顿投入全部家产后不久，股价便出现了些许的涨幅，但很快迎来了大跳水。最终，牛顿损失了相当于1 200万人民币的巨额家产。

遭遇重大投资失败后，牛顿留下了“我可以计算天体运行的轨道，却无法计算人性的疯狂”的名言。

古往今来，人们见证了无数泡沫的生成和破灭，但为何牛顿这般天才也未能幸免呢？

人类的投资行为处在复杂经济学的范畴内，它会相互作用，不断演变出新的变化。一个人的投资行为会触发其他人的投资，或者莫名的恐慌可能会瞬间吞噬整个市场。正是因为市场中存在着凸显特征[1]，因此人们至今也无法预测泡沫会持续多久以及何时破灭。

[1] 指在个别经济主体内没有的，但在整个结构中突然出现的现象。

我们屡屡目睹投资者试图预测“人类之疯狂”后，马上惨遭失败的案例。最典型的例子就是证券公司在每年年初发布的股市展望。这些观点在多数时候都是错误的。

2018 年初，几家证券公司对 KOSPI 指数的前景持乐观态度，认为 KOSPI 指数到年底将超过 3 000 点。然而，2018 年底，KOSPI 指数跌破了 2 000 点大关。市场永远存在不确定性，因此证券公司每年发布的股市展望报告本身没多少参考价值。

在股票投资中遭受重大挫折的牛顿曾说过，渴望一夜暴富的“人类之疯狂”是不可预测的。如果证券公司能够真正准确预测指数，那么通过股票或期权交易他们将赚取天文数字般的利润。但是到目前为止，只有极少数的基金经理跑赢了市场。一旦资产市场泡沫开始形成，它的走势和崩溃时间几乎不可能被精准预测。这就是为什么当泡沫破裂后，人们才会恍然大悟的原因。但通过一些指标我们可以客观地查看当前股价被高估的程度。

评估股票是否被高估的最简单方法是查看其市盈率。 市盈率是将股价除以每股收益后算出的。如果一只股价 2 000 韩元的股票拥有每股收益 100 韩元，则市盈率为 20 倍；股价 1 000 韩元的股票拥有每股收益 100 韩元时，则市盈率为 10 倍。通常情况下，市盈率越高说明股价越被高估。

但公司的短期净利润很容易受到多种外部因素的影响，所以只凭特定年度的每股收益判断股票价值是不靠谱的，可能会给投资者带来重大损失。例如，在 2018 年，特朗普政府推出大规模减税政策后，众多美国企业的账面收入迎来了大幅提升。减税政策确实给企业带来了利润提升，同时不少企业积极利用减税机会，在年内尽可能多地创造了利润，因此当年净利润短暂地获得了大幅提升。

为了不被这种错觉所迷惑，除了查看市盈率，还有必要**参考由诺贝尔奖获得者罗伯特·希勒（Robert Shiller）教授设计的 CAPE 估值法。**

与市盈率（股票价格除以每股收益）不同，CAPE 估值法是将股票价格除以标准普尔 500 指数（S&P 500）的 10 年平均每股收益后得出的股价收益比率。标准普尔 500 指数是标准普尔公司对 500 家高质量公司的股票走势进行追踪后得出的股票指数。通过标准普尔 500 指数可以有效地了解市场整体的走势。CAPE 估值法使用了基于标准普尔 500 指数的 10 年平均每股收益，可以从较长期的角度进行判断，因此可有效地避免被短期收益所迷惑。

下图显示了自 1880 年以来 CAPE 指数的变化。希勒教授选取 1880 年至今的数据并通过 CAPE 估值法计算后发现，在过去的 100 多年内 CAPE 指数平均值为 16.6。到目前为止，CAPE 指数超过 30 的情况只有二次。分别是 1929 年经济大萧条前夕以及 2000 年互联网泡沫破灭前夕。

当股票被严重高估到 CAPE 指数超过 30 时，股市大暴跌以及金融危机从未缺席。1929 年的经济大萧条（The Great Depression）和千禧年互联网泡沫破灭都引发了股市的大动荡。2018 年 1 月，CAPE 指数突破了 34，是仅次于互联网泡沫时期指数的第二高的

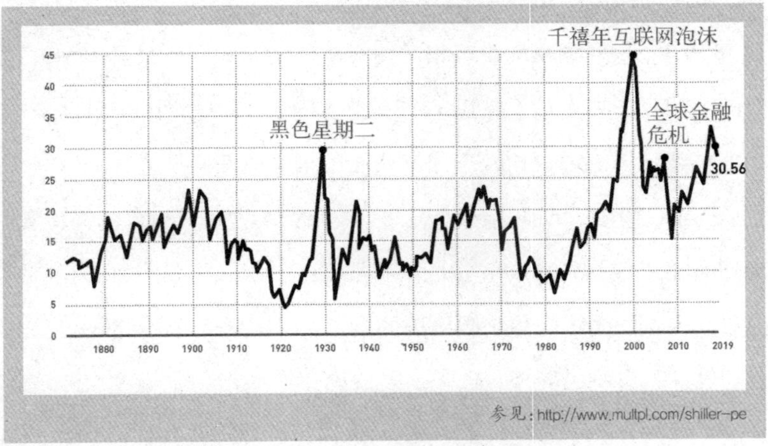

图 2-2 基于 S&P 500 的 CAPE 指数

纪录。

较高的 CAPE 指数意味着与 10 年平均每股收益相比，股价被严重高估。在泡沫时期的最后，所有能证明泡沫合理的逻辑都会被提出，并且人们会幻想泡沫永远持续。但是，翻看历史后我们可以发现，当一家公司的股价与实际盈利相差甚远（被严重高估）时，股价必将迎来暴跌。

在决定长期投资的介入时机时，CAPE 指数是一个非常值得关注的信号。**如果 CAPE 数值低于历史平均值（16.6），则表明股价相对被低估。当 CAPE 指数低于 10 时要尤其关注，此时建议大家积极布局投资。**但当股票价格暴跌时，人们通常会被恐惧心理支配，因而错失绝佳的投资机会。

查看各国的 CAPE 指数对投资是很有帮助的。2018 年 12 月 31

日，日本的 CAPE 指数升至 22.4，印度的升至 21.7，加拿大的则升到了 19.1，这些国家的股市相对被高估。曾拥有世界最高 CAPE 指数的中国股市在连日下跌后 CAPE 指数降至 13.9，而韩国的 CAPE 指数也跌到了 12.3，这两个国家的股市相对被低估了。[8]

但单纯投资 CAPE 指数低于平均值的国家是不明智的。例如，2018 年底，韩国的 CAPE 指数不到美国的一半，但是很难得出韩国的股票市场比美国的更具吸引力的结论。一只股票的价格不仅受到公司利润的影响，同样也会受到所属国家的政治稳定程度、经济增长潜力以及社会结构层面的多重影响。

通常情况下，股票价格会比其他经济指标反应更加迅速，因此可以把股价当作判断未来经济状况的重要先行指标。 股票投资者每天会根据最新信息迅速作出决策，因此股价会先一步反映经济情况。尽管每个市场参与者都可能会作出错误的判断，但由市场参与者聚集而成的股市形成了一种集体智慧，它可以较为准确地将经济预测反映到股价中。

当股价下跌后，实体经济通常会在 6～12 个月内出现恶化。房地产市场可能会在 6～24 个月内出现衰退。例如，日本在 1989 年经历股市暴跌后，房地产泡沫在 1991 年破灭。

是崩溃，还是稳定？ 站在十字路口的世界房地产市场

有一项研究很好地展示了房地产市场中泡沫的形成和破灭的过

程。这是一篇名为《杠杆泡沫》（*Leveraged Bubbles*）[9]的论文，由奥斯卡·乔达（Oscar Jorda）、莫里茨·舒拉里克（Moritz Schularick）和艾伦·泰勒（Alan M. Taylor）于2015年通过美国国家经济研究局发表。在此论文中，美国加利福尼亚大学的教授奥斯卡·乔达等人分析了来自17个国家的140份数据，以研究房地产泡沫如何产生和破裂。研究发现，当价格突然飙升后，房地产市场往往会变得不稳定。债务依赖度较低的房地产泡沫危险性较小，但债务依赖度高的房地产泡沫尤其危险。

当泡沫破裂引发房地产价格跌幅超过15%时，其造成的损失不仅仅局限于房地产市场，而是会给整个经济带来极大的创伤。房地产泡沫破裂后的五年内，人均GDP将比平时下降8%。当下全世界大多数房地产价格都是由债务推高的。可以说目前的全球经济处于非常危险的境地。

最危险的是，房地产价格的涨幅已远远超过经济增长率和物价上涨率的上涨水平。中国2016年的经济增长率为6.5%，但2016年的新房价格上涨了12.2%[10]，几乎是经济增长率的两倍。随着大量流动人口涌进一线城市，一线城市的房价上涨尤其明显。

耶鲁大学的罗伯特·希勒教授和哈佛大学的卡尔·凯斯（Karl E. Case）共同制定了凯斯-希勒房价指数（Case-Shiller U. S. National Home Prise Indices）。该指数基于标准普尔调查收集的全美20个大城市的房地产价格信息编制而成。利用这个指数可以有效识别房地产市场是否存在泡沫。

该指数收录了自1890年以来的大量实际房地产交易价格。因此，它成了非常值得信赖的经济指标。凯斯-希勒房价指数表明，以1890年的实际住宅价格为基准，指数高于100说明房价高于1890年的基准价，如果低于100则说明实际房价低于基准价。也就是说，如果房价增速快于物价增速，那么指数会超出100，如果低于物价增速，则指数会低于100。

根据我们心目中的房地产永远不败的信念，凯斯-希勒房价指数应该会不断上升。但除了最近的二十年因量化宽松导致的资产价格膨胀以外，自1890年至2000年的110年间，凯斯-希勒房价指数一直在120左右浮动。以1890年房屋实际价格为基准的房价指数显著高于120时，该指数会回落，而在较低的水平上维持一段时间后，指数又会重新上升。[11]

从这个意义上讲，与全球平均房地产价格相比，2005年美国的实际住房价格被严重高估了。2005年，凯斯-希勒房价指数在美国房地产价格最高时达到230。当时为了摆脱低速增长的泥潭，美联储决定长期维持超低利率政策，而释放到市场的大量资金流入了房地产行业。

基于这些指标，2005年，罗伯特·希勒教授曾发出警告，美国房地产市场可能已出现价格泡沫并存在破裂的可能，但沉迷于房价暴涨中的人们选择了无视。人们坚信永远不会破灭的房地产泡沫在2006年开始出现了异动，并在2008年发生了大规模破裂。凯斯-希勒房价指数也在2011年跌到了151点。在泡沫破裂的过程中，大量吹嘘尖端金融技术的全球性金融公司濒临破产的边缘。这些公司最终通过政府的援助才得以幸存。

如果当时没有政府的积极介入，那么房地产平均价格将回落至120点。但美国和欧盟陆续推出了史无前例的零利率和量化宽松政策，试图通过宽松的货币政策挽救经济，很快房地产价格企稳并出现了反弹。政策的推进导致原本的去杠杆计划落空，反倒是助长了大量新债务的出现，这一切再次推高了资产价格。

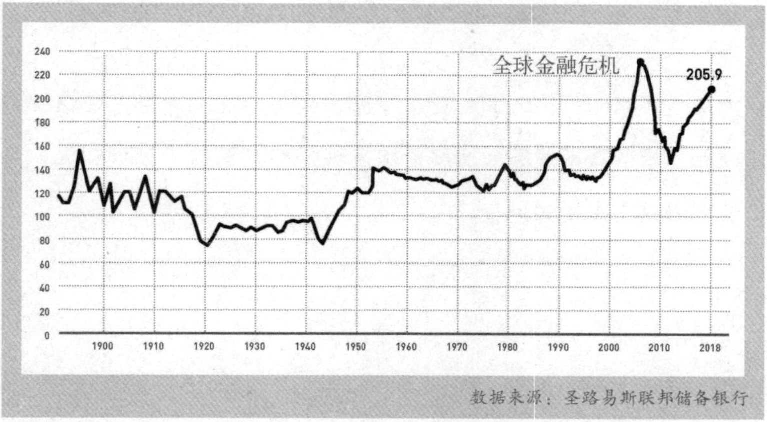

图 2-3　凯斯-希勒房价指数

2018 年 11 月，凯斯-希勒房价指数为 205.9 点。[12] 房地产价格尚未彻底回落之际，再度飙升。美国历史上，凯斯-希勒房价指数超过 200 的次数只有一次，那时美国正处于 2008 年全球金融危机的风暴中，而现在该指数已非常接近危机前的数值。

房地产泡沫问题不仅局限于中国和美国。根据瑞银集团

（UBS）发布的全球房地产泡沫指数显示，2015 年有包括伦敦在内的三个泡沫风险地区。2017 年，随着多伦多和悉尼等的加入，泡沫风险地区激增到了八个。

问题在于，这些飞涨的房价在 2018 年下半年开始出现了下滑。泡沫膨胀时，资产价格可能会持续飙升，但只要泡沫开始产生异动，那么资产价格就会跌入万丈深渊。如果没有人愿意以更高的价格去接盘，那么目前的高房价将难以维持。在这个问题上，韩国也不例外。

泡沫破裂的瞬间最危险。当泡沫出现破裂的迹象时，人们会误以为那是暂时的价格回调，甚至会产生大胆抄底的冲动。**在这种过渡时期，投资者不能因为资产价格出现短暂回落就冲动地买入，这可能会带来灾难性的后果。**

4 汇率信号：快人一步看清资金流向

先人一步掌握汇率变化信号的技术

在1998年亚洲金融危机和2008年全球金融危机期间，韩元的汇率曾暴跌。事实上，一个国家的货币价值大幅下降是一个非常重要的信号。当货币急速贬值时，因速度过快，我们根本没有时间采取相应措施。因此，我们需要先人一步掌握汇率变化的信号。

首先，我们要对一个国家的货币价值与其经济实力不匹配的情况进行充分戒备。以前，很多国家为了统一管制汇率，推出过许多不合理的政策，多数情况下会适得其反。目前，除了极个别的国家以外，大多数国家选择了市场化的浮动汇率制度。在这个制度下，对一个国家的汇率而言，全球金融市场的影响会大于本国的外汇政策。

在全球金融市场中，美联储的影响力举足轻重，可以称得上是“世界中央银行”。随着资本市场全球化的推进，美联储的经济政策可对新兴和发展中国家的金融市场产生直接影响。

美联储推出降息和量化宽松政策时，来自发达国家的资金会大幅流入新兴国家。随着全球经济的复苏，外贸交易量将逐渐增加，原材料价格也会跟着上升。依靠出口的新兴国家或依靠原材料的资源型国家会随着贸易量和投资的增加获得大量外汇收入，这会使得本国的货币价值不断攀升。

在这种情况下，新兴国家的政府会渴望吸引大量外汇资金，并开启外汇争夺战。新兴国家的企业也希望通过相比本国货币更廉价的外汇资金来增加投资，因而会竞争性地借入大量外汇资金，而流入的外汇将进一步提升发展中国家的货币价值。

通过引入大量外汇推动经济的战略必将付出相应的代价。竞争性投资会带来产品过剩，加上货币价值的飙升，即便出口量加大，新兴经济体仍将陷入“越卖越亏”的尴尬局面。尽管处境如此被动，但它们为了提升自身的经济体量，仍然沉迷于扩大生产量和出口量。

在这种情况下，如果美联储加息，那么新兴国家的经济形势就会进一步恶化。因为涌入新兴国家的海外资金将迅速流回发达国家，而新兴国家为了防止资金进一步流出以及货币贬值等问题的发生，不得不跟随美联储的加息节奏提升本国的利率。这会导致市场对新兴经济体的忧虑情绪剧增，且无论新兴国家作出多么积极的防御措施，海外投资者都会一致选择退出。这类经济萎缩的现象会导致新兴国家的股市和房地产市场遭受巨大的打击。

新兴国家的货币价值和资产价格很容易受到外部影响而出现浮动，不能仅凭眼前的高收益率就轻易选择投资新兴国家。自 2011 年开始，韩国私人投资者中出现了抢购巴西政府债券的热潮。

2011 年，巴西政府债券提供了年利率大约 10% 的高利率。对于进入低利率时代的韩国而言，这是很难想象的高利率。此外，韩国和巴西之间的税收协定规定韩国政府不会对巴西政府债券投资收入和外汇差收益进行征税。因此，这款金融商品看起来十分有吸引力。在超低息环境下，没有良好投资标的的个人投资者开始对巴西国债进行大规模投资。2018 年 9 月，韩国券商累计买入了超过 7 万亿韩元的巴西国债。但巴西国债投资者忽略了一个重要因素。即**投资新兴国家时，汇率要比利率更加重要。**

2012 年 1 月，巴西货币雷亚尔对韩元的汇率为 680。然而，在 2018 年 12 月，汇率跌至 280。尽管每年利率收入高达 10%，但最终巴西国债投资者却因汇率暴跌蒙受了巨大的损失。如果巴西国债投资者对雷亚尔做足了功课的话，他们在投资时说不定会更谨慎。2002 年，巴西雷亚尔对韩元的汇率为 300，但在 2008 年全球金融危机之后，由于原材料价格的上涨，汇率一度飙升至 680。而很多韩国投资者是在 2011 年雷亚尔暴涨后进行投资的。

如果新兴国家或不发达国家的货币价值异常上升，则应将其视

为危险信号，并应更加谨慎地决定投资策略。如果想避开汇率风险，那必须提防物价上涨率高的国家。高通胀率意味着该国的货币价值在下降。因此，该国的货币价值即使没有立即下降，也可能在未来的某一天突然大幅下降。在进行海外投资时，必须着重考察标的国家的货币价值。此外，在展望韩国经济的未来时，预测汇率变化的能力会非常重要。但外汇专家也很难预测汇率的走势，因此普通人几乎不可能预测汇率。但通过一些方法可以在某种程度上判断该货币是否被高估。

2018 年 3 月，德意志银行通过汇率模型独立测算后，公布了全球被高估货币名单。这些被高估的货币包括人民币、克朗、雷亚尔、泰铢和新西兰元等。韩元排在第七，也是被高估的货币之一。[13]

当然，即便是全球性投资银行的汇率展望也并非 100% 可靠。全球知名的投资银行高盛（Goldman Sachs）的汇率预测曾屡屡落空。因此，一些华尔街专家甚至怀疑高盛是通过先推荐某个货币后，再反手做空该货币的形式获利。所以**我们不能单纯依赖某一家金融公司的报告，而是应该在关注多家金融公司的报告后，作出综合评估。**

要关注人民币

1990 年，为了推动货币一体化进程，英国与欧盟签订协议，推行欧洲汇率机制（European Exchange Rate Mechanism），规定英镑只能在德国马克汇率的上下 6% 以内浮动。

1990 年德国统一后，为了推动东德经济发展，德国政府决定进行天文数字般的投资，为了防止该过程中出现通货膨胀，德意志联邦银行在两年内将利率提高了十次。之后德国马克强势上涨，英国为了遵守协议必须跟着大幅提高利率。结果，产业竞争力不如德国的英国经济受到了严重打击。英国本可以退出汇率协议并推出使英镑贬值的政策。但骄傲的英国人宁愿承受巨大的经济损失，也要将利率提高至与德国相当的水平。英国政府人为提升英镑价值的举措埋下了巨大的隐患。

乔治·索罗斯（George Soros）和斯坦利·德鲁肯米勒（Stanley Druckenmiller）认为英镑被严重高估，于是他们运营的量子基金开始大举做空英镑。

英格兰银行最初通过将年利率提升到 10% 来捍卫英镑价值，但随着越来越多的对冲基金加入索罗斯阵营后，英国政府最终屈服了。随即英镑出现了大幅贬值，英国放弃加入欧洲单一货币体系并退出了汇率协议。索罗斯的量子基金在除掉 20% 的运营手续费之后仍然获得了高达 159% 的收益。

即使是金融大国英国，在货币价值被高估后都很难人为地维持下去。英国政府强制提升利率后遭遇的情况是非常严峻的。一旦货币价值开始崩溃，它的跌幅可能远远超过平均汇率。

我们现在要开始关注人民币。长期以来，人民币对美元的汇率不超过 7。如果人民币价值出现下滑，可能会引发汇率暴跌。韩元的价值也与人民币挂钩，可能会随之出现剧烈波动。

1994年，人民币对美元的汇率为8.7，到2019年汇率已上升至6.7。在过去的15年中，人民币对美元汇率上涨了23%。新兴市场货币的涨幅大于美元的情况非常罕见。

将物价因素加入后可测算实际有效汇率[1]。如果将2010年中国的实际有效汇率看作100，那么1994年是65.9，到2018年则是125.7。随着实际有效汇率急剧上升，以世界工厂著称的中国出口竞争力被削弱了。

当然，实际有效汇率对于普通百姓而言并不简单。要了解汇率是否过高，需要一个更简单易懂的信号。摩根士丹利公司的鲁奇尔·夏尔马表示，要判断货币价值是否被高估，可以看该国公民在海外是否会大量抢购商品。如果一个国家的公民只要出国，就在海外疯狂扫货，那说明该国的货币被高估，因为该国的货币价值过高，所以相对而言其他国家的商品价格看起来会很便宜。这是一个非常危险的信号。

实际上，在2018年，中国游客在海外旅行时进行了疯狂扫货。以至于后来中国团体游客的走向直接对亚洲及欧洲国家的个体经营户的应收账款情况产生了重大影响。这说明人民币被高估。人民币被高估后，中国的外汇储备在2014年达到4万亿美元的峰值后持续下降，并在2018年底下降至3万亿美元。当然，与其他国家相

[1] 实际有效汇率反映了一国与贸易伙伴国之间的物价变化和贸易比重情况，目的是显示一国货币对贸易伙伴国货币的实际购买力。

比，3 万亿美元仍是一笔巨大的外汇储备。一些专家表示，如果中国的外汇储备减少到 2 万亿美元，可能会出现难以掌控的局面。

在 20 世纪 90 年代，曾是欧洲金融中心的英国也未能保住英镑的贬值，想要保住货币汇率并非易事。一个国家的货币价值被高估的时间越长，危险就越大。一旦担忧情绪加剧，即使没有索罗斯等人的狙击，外汇也可能会随时流出。

在上一部分中，德意志银行将韩元列为第七大被高估的货币，那么韩元真的被高估了吗？实际上，韩国的通货膨胀率不高，因此出现外汇动荡的概率并不大。我们可以通过以下几个方面来预测韩元的未来。

首先，自 2017 年以来，韩国正在经历半导体超级周期的繁荣，半导体公司的出口激增，导致大量外汇资金流入，之后韩元的价值多少被高估了。我无法预测半导体超级周期的繁荣会持续多久，就像当初我们没能预测半导体超级周期的到来一样。如果半导体经济迅速冷却，那么韩元的价值可能会下降。

其次，在过去的二十年里，韩国经济一直高度依赖于中国经济，韩元汇率与人民币汇率有着紧密的关联。过去几年，在中国政府的努力之下，人民币汇率保持了稳定，但将来如果人民币汇率下跌，韩元的汇率也可能迅速下滑。

第三，近些年对于不少海外投资者而言，韩国股市已成为替代中国股市的投资标的。原本计划在中国投资但由于各种法规限制而没能如愿的海外投资者最终选择了韩国股市。如果中国经济在未来出现波动，那么在韩国的外国投资者可能会考虑撤资，这很可能导致韩元汇率出现波动。同时，有些专家认为韩元不但不会贬值还会升值，因为2020年以后随着劳动人口的下降，韩国经济将进一步放缓，甚至可能会进入日本式的衰退型盈余状态。

在1989年日本经济泡沫破裂后，日元汇率飙升了将近一倍。当然，韩国的部分经济结构与日本相似，但在材料和零部件行业以及中小企业的竞争力方面与之有着很大区别，因此很难断定韩国是否会走日本式的衰退之路。虽然将来韩元汇率因衰退型盈余而存在上升的可能，但从短期来看，由于受中国经济影响、半导体繁荣周期提前结束，以及因贸易争端导致出口减少等可能性的存在，也不排除韩元会贬值。因此，在未来几年里，我们有必要密切关注汇率信号。

5 人口信号：蚕食经济的沉默凶手

威胁中国这个 14 亿人口大国的低生育率问题

从 1978 年开始实行改革开放到 2018 年，过去的四十年里，中国从未发生一次经济危机，反而取得了令人瞩目的发展成就。一个曾经的欠发达国家能在四十年的时间里实现持续发展，并最终在经济体量上超越中等强国实属罕见。中国之所以能做到可持续增长的一个重要原因就是人口。

1965 年中国的人口生育率高达 6.4%。低生育率无疑会成为经济发展的绊脚石，但生育率过高同样会对处在发展初期的中国经济造成极大负面影响：子女人均教育费低将导致人力资源匮乏，加上高生育率带来的沉重抚养负担，都会使高速发展难以实现。

为解决上述问题，中国开始推行计划生育政策。政策实施之后，生育率下跌，15 岁以下人口骤减，适龄劳动人口比重则迅速升高，为未来中国经济腾飞奠定了坚实基础。换言之，原来每四个中国人中只有一人具有劳动能力，但计划生育政策实施之后，每四个中国人中具有劳动能力的增加至三人，劳动人口增多的同时需要抚养的未成年人口减少，进而推动经济发展。

1978 年改革开放后中国劳动年龄人口比重持续上升，为经济增长带来人口红利（Demographic bonus）。人口红利指适龄劳动人口占总人口的比重上升，老年人口比重下降，为经济发展创造有利人口条件的现象。

作为人口大国，人口无疑是中国经济重要的增长动力，如今这一动力却亮起了红灯。过去，生育率下降使未成年人口减少，适龄劳动人口比重开始攀升；但从 2012 年起，随着老年人口开始增多，适龄劳动人口比重反而出现下滑。人口问题自此成为影响中国经济发展的重要问题。

在这种情况下，若继续维持高速增长，最终只会造成社会劳动力不足、工资居高不下等问题。由此引发的增长停滞或下滑的转折点被称为“刘易斯拐点”（Lewisian turning point）[1]。中国的人口

[1] “刘易斯拐点”由 1979 年诺贝尔经济学奖得主阿瑟·刘易斯（Arthur Lewis）提出，具体指发展中国家中的农村富余劳动力向非农产业地区的逐步转移，农村富余劳动力逐渐减少，最终达到瓶颈状态，进而引发工资激增和增速放缓的现象。

结构是否已迎来“刘易斯拐点”是判断未来中国经济能否维持高速增长的一个重要信号。

实际上，众多迹象表明，中国正面临“刘易斯拐点”。2008 年至 2015 年，中国工人平均薪资上涨了 12.6%。[14]工资的大幅上涨无疑会刺激生产成本剧增，削弱本国国际竞争力。具体表现在此前积极进军中国市场的某些企业离开中国，将自己的生产基地转移到了东南亚或本国国内。

然而，中国还面临着一个更严重的问题——人口老龄化。早在 2000 年，中国 65 岁以上老年人口的比重已超过 7%，标志着中国步入了高龄化社会。然而当时中国的人均国民收入仅为 1 千美元。而这一重担最终会落在从事经济活动的年轻人肩上。当前中国每 2.8 名劳动人口要供养一位老人，如果这一数字降至 1.3，届时劳动人口的负担将迅速增加，成为无法承受之重。

如上所述，适龄劳动人口的减少和老年人口的剧增都将成为阻碍中国经济发展的重要因素。中国有这样一句话：“未富先老。”即人在变富之前先变老了。如今，人口不再是推动中国经济增长的重要动力，反而成了阻碍其发展的因素。

考虑到老龄化和低生育率对中国经济的威胁，2017 年国际信用评级公司穆迪（Moody's）将中国主权信用评级从 Aa3 下调至了 A1。这是穆迪公司自 1989 年以来首次下调中国主权信用评级。

中国已经意识到了人口问题的严峻，于 2016 年全面实施二孩政策。然而当年的总和生育率（处于 15~49 岁育龄期的妇女平均的生育子女数）只由1.5短暂上升至1.7，便又在2017年重新落回1.6。而只有当总和生育率为2.1时，人口才能维持在一个稳定水平。按照这一标准，目前的生育率远远不够。

中国的生育率持续走低的原因究竟是什么？对此，北京大学光华管理学院梁建章教授称："在中国养育小孩是痛苦的，"他进一步解释道，"大城市居高不下的房地产价格、高昂的抚养成本以及托儿所奇缺等问题造成在中国养育小孩十分痛苦。"

其中最严重的问题还属飞涨的房价。2018年韩国对外经济政策研究院发布的《全球房地产泡沫风险诊断及影响分析》报告指出，北京地区的房价收入比（PIR，住房价格与城市居民家庭年收入之比）为17.1，上海为16.4，在全球排名靠前。[15] 17.1意味着人们不吃不喝平均也要17年才能攒够钱在北京买下一套房。相比之下同属高房价城市的首尔其PIR为11.2，伦敦为8.5，纽约为5.7。对于首尔居民来说，房价已经成为巨大的负担，更别说PIR值超过16的中国主要大城市。生活在这些地区的人们或许只能考虑放弃结婚或生育。

在养育成本方面，中国也是遥遥领先。据中国金融研究院报告，养育一个孩子，从出生到大学毕业需累计花费50万元人民币（约合8 500万韩元）。如此高昂的养育费用让大多数家庭难以承担。

如今人们普遍认为，随着育龄期女性人口逐渐减少，中国的低生育率趋势短期内将难以改变。从数据来看，中国20~30岁女性人口占人口总数的比重从2006年的15.3%下降至2016年的15.0%，并呈继续下滑趋势。同时，2017年相关机构共依法办理结婚登记1 063万余对，与上年相比减少了7%。

人口大国中国都尚且如此，饱受低生育率困扰的发达国家情况便可想而知。未来低生育率和人口老龄化问题将发生在多数发达国家和主要新兴经济体内，拉低经济增速，成为全球经济发展的最大威胁。

威胁全球经济的人口结构变化

人们普遍认为低生育率是一种现代病，其实老龄化与低生育率也曾困扰着罗马帝国。按照现在的标准65岁以上老年人口比重超过7%，则意味着整个国家已步入高龄化社会。而早在公元1世纪，罗马帝国60岁以上老年人口占人口总数的6%~8%，[16]人均寿命更是远远低于现代人，这些数据均显示罗马帝国早已处于老龄化社会。

历史学家吉尔菲兰（S. C. Gilfillan）在调查当时属于罗马领土的特洛伊城（Troy）的人口情况时发现101名19岁以上的男女中仅有35名已婚，其中有一个小孩的为17名，有两个小孩的仅为8名。[17]

在该项调查中，吉尔菲兰发现了一个比较特殊的情况：当时的贵族阶层比平民更不愿意结婚和生育。工业革命以前，因经济衰退、饥荒和战争等问题，大多数国家的贫困阶层率先出现人口减少现象，然而罗马帝国的情况却与之相反，其人口减少的原因与如今的发达国家十分相似。

工业革命发生之前，人的平均寿命较短，大多数人选择在15~19岁之间结婚，而生活在罗马帝国的人则将结婚年龄推迟到25岁以后。这就使得人口的代际更替周期延长至30~40年，导致养育成本增加，进而造成罗马人不愿生育。因此出于传宗接代的考虑，贵族们会将其他家庭已长大成人的孩子收为养子。这样的风俗在当时十分盛行。

为了提高生育率，罗马帝国曾向迟迟不愿结婚的年轻人征收所谓的“独身”税（Aes uxorium）。在罗马开国皇帝、被尊称为奥古斯都（Augustus）的屋大维统治时期，生育率开始随着经济的攀升逐渐下滑，于是国家规定：若单身，则无法继承父母财产；若未生育小孩，则不能在帝国身居要职。同时，屋大维还赋予有三个孩子的父母一种特殊的“三子权”（Ius trium liberorum），使其享有各种特权，如拥有三个孩子的男子可免除劳役，而女子则可免受宗亲的监护，并拥有立遗嘱的权力。

然而这一切努力最终付诸东流。罗马帝国因无法负担随人口老龄化增长的养老费用，选择向民间放贷人借钱以填补国家财政亏空，最终陷入了债台高筑、无力偿还的窘境。随后，罗马帝国开始减少当时流通货币银币中的含银量来弥补财政亏空，这却使得罗马货币不断贬值、物价飞涨。于是罗马帝国在公元300年严重通货膨胀，货币经济崩溃。这也是促使拥有千年历史的罗马帝国提前走向灭亡的原因之一。

罗马文明的灭亡足以让我们认识到低生育率与老龄化问题的严峻。现代管理学之父彼得·德鲁克（Peter F. Drucker）也曾强调过人口结构的重要性，他称“人口统计数据的变化是准确预测未来的唯一方法”。基于对人口变化的观察，他对经济发展作出了多次惊人的预测。

1997 年，在欧元诞生前夕，众多学者曾十分自信地预测融合的欧洲即将成为超越美国的超级力量。但彼得·德鲁克却提出警告，认为欧洲不但无法超越美国，反而将很快因人口老龄化和低生育率问题陷入严重危机。

事实也正和他所预测的一样。2008 年金融危机席卷全球，欧洲遭受重创，虽在 2011 年有过短暂好转，但随后又再次陷入严重衰退，痛苦不堪。直到如今，整个欧洲地区都未能摆脱经济低速增长的泥淖。那么，德鲁克当初究竟是如何在一片叫好声中窥见欧洲未来的衰落呢？

德鲁克认为，人口老龄化不断加剧，生育率持续下滑，导致养老负担加重。年轻阶层实际握在手中的可支配收入逐渐减少，开始逃避结婚和生育责任，这进一步加重了低生育率问题，也最终将欧洲经济推入衰退的深渊。

德鲁克在 1999 年出版的著作《21 世纪的管理挑战》中透露出自己的担忧，称发达国家的低生育率和老龄化问题将在 21 世纪对全球经济造成巨大威胁。[18]同时他还在书中特别指出，21 世纪末日本人口将由原来的 1.25 亿骤减至 5 000 万，意大利人口也将由原来的 6 000 万减少至 2 200 万；他还预测人口减少将导致发达国家经济和政治出现严重混乱。

从日本经济曾经的长期大萧条、欧洲经济的低速增长、英国脱欧、意大利的财政危机等各种局面中，我们可以看到早在 20 世纪 90 年代，德鲁克便通过对人口结构变化的预测窥见到了如今的世界经济和政治走向。

无独有偶，有着“债券天王”称号的世界级投资专家比尔·格罗斯（Bill Gross）也清楚认识到人口统计的重要性。他表示，“如果我长期被困无人岛且只能获取一种信息的话，我会选择人口统计数据”，并警告称老龄化问题将会是悄悄蚕食各国经济增长的“沉默的杀手”。

而与人口相关的最危险信号无疑是适龄劳动人口比重的下降。一旦适龄劳动人口减少，充满购买欲望的消费者人数也将随之减少。因为 65 岁以上的老年人口难以成为汽车和高端 IT 新产品的主要消费力量。其结果是，一方面资产市场需求减少，影响股市价格和房地产价格，使二者停滞不前甚至下滑；另一方面国家财政支出增加，影响税收，加重政府债务负担。以日本为例，1990 年日本政府债务占 GDP 比重为 66%，属于较正常范围。但随着日本人口老龄化现象的加剧，这一数字在 2018 年居然高达 253%，使日本成为全世界政府债务占 GDP 比重最大的国家。

另外，适龄劳动人口比重的下降也是造成经济增长率一路下滑的罪魁祸首。曾一直具有全球最高经济增速的日本自 1992 年开始面临适龄劳动人口比重减少的问题。截至 2012 年，其经济年均增速在这短短的 20 年里已下滑至 0.85%。虽然在安倍上台后，日本经济情况有所好转，但 2013 年至 2018 年的经济年均增速也仅有 1.22%。

安倍的经济政策，即“安倍经济学”（Abenomics）的核心内容有三个：宽松的货币政策、积极的财政政策以及日元贬值政策。但其中真正起作用的只有日元贬值，其余两项政策不过是提前透支了未来的经济增长率。如今，“安倍经济学”的负面效果开始渐渐浮现，日本经济增速不得不再次面临下滑危机。经济合作与发展组织（OECD，以下简称“经合组织”）曾作出悲观预测，认为日本的实际经济增长率将在 2020 年跌至 0.68%。[19]

其他出现适龄劳动人口比重骤减的国家如今也都面临着日本式的低速增长危机。例如，受低生育率问题困扰的意大利自 2000 年起的 17 年间，其年均实际经济增长率仅为 0.25%。作为七国集团成员国之一，意大利的经济状况显然名不副实。

西班牙、葡萄牙和希腊等南欧国家同样面临适龄劳动人口减少的问题，经济增长率猛跌至 0% 左右，或是出现经济危机状况。连金融强国英国和制造业强国德国等西欧国家也未能幸免于难，增速纷纷下跌至 1% 左右。

在所有的发达国家中，唯一逃过一劫的只有美国。虽然美国也不可避免地出现了生育率下降，但随着世界顶尖科技人才的不断涌入，其暂时处于安全区。

不过，由于这群涌入美国的移民均是来自其他国家的高尖端人才，而世界市场这块蛋糕并未变大，因此这终究是一场零和博弈。这意味着美国抢走的人才越多，其他国家将越快陷入低速增长的深渊，而此类独食行为最终也只会成为全球经济发展的绊脚石。

目前印度、印度尼西亚和一些非洲国家等发展中国家的适龄劳动人口仍呈上升趋势。只是由于制度和经济上的落后，发生在这些国家的人口增长很难对世界经济起到重要推动作用。

综上所述，发生在世界主要国家的人口结构恶化将对未来全球经济增长率和资产价格造成深远影响。因此，**我们必须密切关注各国适龄劳动人口比重、人口老龄化速度等人口结构变化情况，将其视作重要经济信号进行解读。**

6 失衡信号：韩国社会，过度失衡必将爆发

韩国经济已丧失活力

2014 年韩国国会立法调查处发布的一项报告显示，700 多年后韩国人将在地球上消失。韩国目前的总和生育率为 1.19，若按此计算，最后一批釜山人和首尔人将分别在 2413 年和 2505 年出生。牛津大学的大卫·科尔曼（David Coleman）教授早在 2006 年便警告称韩国低生育率问题非常严重，并因此可能会成为世界上第一个消失的国家。

然而现实比预期得更加糟糕。2018 年韩国总和生育率下降至 0.98，成为全球唯一生育率跌破 1 的国家。低生育率问题不容小觑，它将导致经济活力不足、增长率下滑，引发失业和收入大幅

减少等各种社会和经济问题。

首先，生育率降低并开始步入人口老龄化社会的国家很难再找回经济发展活力，尤其是适龄劳动人口的减少，会使国家陷入长期低速增长困境，甚至引发经济危机。以日本为例，该国在1989年遭遇了适龄劳动人口减少和经济泡沫破裂的危机，随后便进入长达20年的经济萧条时期。

令人担忧的是，目前韩国的低生育率问题比日本更加严重。2006年日本的总和生育率为1.26，随后缓慢爬升并维持在1.4左右。与之相比，韩国的总和生育率在降至0.98后不仅没有停止，反而进一步加速下滑。

韩国成为了世界上适龄劳动人口减少最快的国家。照此速度，适龄劳动人口比重下降10%只需12年的时间，日本则需要17年。由此可见，韩国今后将面临十分可怕的局面。不过，韩国的房地产市场和股市并不存在日本房地产市场和股市中存在的那样严重的泡沫，也没有像困扰意大利政府那样的巨额债务，因此只要政府未雨绸缪、早做准备，或许能够避免危机。只是从其他已陷入严重萧条或经济增速下滑的国家来看，人口结构恶化导致的长期萧条仍将无法避免。

另外，韩国在养老方面的准备不如日本，因此韩国人退休后大多选择成为个体户继续经商。但是随着低生育率现象加剧，属于消费主力的年轻人越来越少，个体经营也将面临挑战。在当前适龄劳动人口减少的背景下，个体户危机成为加剧韩国经济衰退的又一重要原因。

如今韩国正在迈向超高龄社会，退休老人未来将难以利用投资赚钱。低生育率和老龄化程度的加深意味着长期的“低速增长与低利率”，无论是投资股市还是房地产，获得的回报都将整体减少。因此随着老龄化进程的加快，养老和贫困问题也将愈发突出。

处于超高龄社会的日本2019年一年期定期存款利率仅为0.1%。但令人郁闷的是，日本人依旧习惯将钱存入银行。不过，由于当前国家经济丧失活力，人们可投资的地方其实不多，所以这种存钱行为也是出于无奈。

低生育率问题不只属于年轻人，它同样影响着中老年阶层。若不能及时解决这个共同的社会问题，韩国将无法再实现经济飞跃，前途一片黯淡。

早在2018年7月，韩国65岁以上老年人口占人口总数的比重就已达14.3%，标志着“老龄化社会”的到来。有预测认为这一数字将在2026年超过20%，韩国将正式迈入超高龄社会。因为65岁以上的老年人大多依赖自身资产收益或社会保障制度，而不是劳动收入，所以当老年人口比重超过一定界限时，社会保障负担加剧，经济发展也将受到阻碍。

韩国的实际退休年龄为73岁，在经合组织成员国中排名前列。而其他成员国的实际退休年龄在65岁左右，相比之下韩国人需要多工作8年。造成这一差距的主要原因是养老准备不足，韩国人即使达到60岁的法定退休年龄后也不得不继续工作。[20]

不过，有观点认为，较高的实际退休年龄可以削弱老龄化对韩国经济的冲击。这种想法过于简单。提高退休年龄虽能适当放慢人口老龄化进程的速度，但并不意味着可以完全避免相关问题。日本便是最典型的例子。该国的退休年龄为70岁，在经合组织成员国中排名第三，但依旧未能消除老龄化带来的负面影响，国家经济陷入长期萧条。

韩国经济面临的另一个问题是贫富差距的扩大。若仅从收入差距来看，韩国的情况比欧洲更糟糕，但没有美国严重。不过，随着第一批婴儿潮一代（1955—1963年间出生的人）正式步入退休，问题的严重性便会暴露出来。这一代人退休后因无法完全享受养老金等社会福利保障，一退休就会沦为低收入阶层，导致收入差距进一步拉大。

随着韩国社会阶层之间的桥梁消失，人们不再相信只要努力就能取得成功。这种想法的背后隐藏着比贫富差距更深刻的问题。就在30年前，父母的收入水平还不能决定孩子的成绩或将来的成就，那时人们相信即使出身贫困，只要努力总会取得成功。

然而，如今因为高昂的课外辅导费用，父母的收入水平成为影响孩子成绩的决定性因素。2013年首尔市教育厅的调查结果显示，家长收入在500万韩元以上的一年级学生的三门主要学科的平均分数为218.3，而家长收入在200万韩元以下的学生三门学科的平均分数为192.6，比前者低了11.77%。

这种差距在大学修业能力考试成绩上体现得更加明显。因为在韩国现行的考试制度下，家长所拥有的信息资源与经济能力将极大地影响录取结果。首尔大学经济系金世植（音译）教授研究发现，在2014年首尔大学的入学新生中，每100名学生中只有0.1人来自江北区，而有2.1人来自江南区，足足是前者的21倍。[21]

而且即便努力克服困难、成功进入顶尖学府求学，也不能保证就能进入上层社会。自1989年韩国允许私立大学自主决定收费标准后，平均学费迅速上涨了5倍，若缺少父母财政上的支持，孩子将很难在毕业前还清贷款。另外，求职竞争也愈发激烈，为找到一份“不错的工作”，大学生们往往需要花钱考取各种语言证书和资格证来丰富履历。

而如果在这场激烈的求职竞争中败下阵来，年轻人将很难再得到逆袭的机会。首先，中小企业职工和临时工的工资还不到大企业正式工的一半，而且一旦从前者做起，未来跳槽到大企业的可能性很低。

即便克服了上述困难、顺利成为大企业的正式职工，在接下来的买房问题上韩国青年仍需要父母的帮助。如今，首尔市房价蹿升，人们不吃不喝也要奋斗数十年才能买下一套房。在这样的社会，低收入阶层的青年光靠个人的“拼搏奋斗”很难摆脱贫困，跻身上层社会。

2017年2月，民调机构益普索（Ipsos）以纽约、东京、马德里等世界25个主要城市的18~24岁青年为对象展开问卷调查，试图了解他们对成功的定义。在回答“是否认为自己有可能在喜欢的领域取得成功”这一问题时，首尔仅有38%的受访者给出了肯定答案，在受调查的25个城市中排名最末。

当财富始终掌握在少数人手中时，渴望跻身上层社会的有抱负者将越来越少，经济也将逐渐丧失活力。富二代将轻易继承财富，而普通人越发失去奋斗欲望。一旦努力变成了白用功，无论对于低收入阶层还是富人阶层来说，无所事事都成了最佳选项。于是财富以继承的方式流动，社会失去竞争机制，整个经济将一路滑向没落的深渊。

当前，正在走下坡路的经济增长率便是上述问题的现实写照。韩国经济年均增速从金大中在任五年期间的5.32%，下滑至卢武铉时期的4.48%，再到李明博时期的3.2%，最后在朴槿惠时期跌至2.98%。与其他发达国家一样，韩国在实现经济高速发展后也陷入了低速增长的泥沼。

随着怀揣梦想、努力就会成功的时代一去不复返，韩国经济迅速丧失活力。如果政府不能及时出台特别措施，阻止人口结构继续恶化，并为人们提供改变人生的机会，未来韩国经济将会像日本一样面临长期萧条，或是如意大利一般陷入衰退。

而若想拯救经济，当务之急是要找回经济发展活力，并重新架起实现人生逆袭的“桥梁”。这是唯一的途径。

韩国经济危机的信号：失衡

若用一个词来描述当前韩国经济状况的严峻程度，那便是“失衡”，即经济增速放缓，投资收益越来越低，社会财富向同一个地方倾斜的现象。如果说韩国经济的根本问题是丧失发展活力，这也体现在失衡的现象上。

这种失衡现象的典型是出口领域。韩国的出口竞争力自2011年起急剧减弱，尤其是在2015年和2016年出口额分别下降了8%和6%。作为出口导向型经济体，这无疑让韩国陷入了整体上的经济困难局面。并且在出口方面，韩国对中国市场依赖严重，未能开拓其他新市场。从2018年的数据来看，韩国对华出口比重为26%，对华出口依存度不断上升。这种失衡的后果是两国经济联动性大，一旦中国经济发生任何细微波动，韩国将受极大影响。

半导体出口领域的失衡现象尤为明显。从下图可以看出，出口额自2015年和2016年急剧下跌后，在2017年和2018年恢复了上升趋势。而在12大支柱产业中，除半导体产业外，其他产业均未有显著增长。这意味着半导体产业的超级周期是拉动韩国最近两年出口额增长的唯一动力。

另外，得益于半导体产业的迅猛发展，美元不断涌入韩国市场，韩元持续升值。在印度、印度尼西亚、巴西等其他新兴市场国家货币价值跌至原来的三分之二时，韩元一枝独秀，保持着上升趋势，大大削弱了除半导体外的钢铁、船舶、汽车等主要出口产品的竞争力。

一方面，韩国的半导体产业领跑全球；而另一方面，与钢铁、船舶、汽车等其他支柱产业相比，半导体产业在出口上的辉煌业绩对创造就业岗位并没有多大帮助。从数据来看，韩国就业系数为

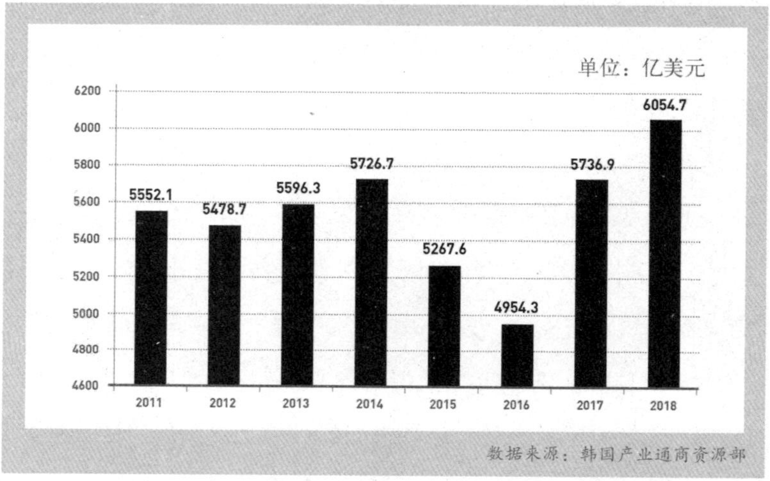

图 2－4　年均出口额（2011—2018 年）

6.6 名，半导体产业就业系数为 1.4 名，还不到整体的四分之一。此外，由于半导体产业对进口零部件依存度高，留在韩国的产品附加价值低，因此与其他行业相比，对国民经济的贡献较小。

但是作为韩国的出口支柱产业，半导体产业的发展情况对国民经济有着重要影响。从某种意义上来说，随着半导体超级周期结束，出口额开始下滑，韩元将面临贬值，促进其他产业恢复出口竞争力，进而打破失衡局面迫在眉睫。不过在这过程中，随着货币价值出现波动，韩国经济很有可能遭受重创。

韩国国内市场同样存在失衡现象，具体表现为过去几年韩国的经济发展过度依赖房地产建设投资。2016 年韩国出口大幅下滑，但经济增长率却维持在了 2.9%，这对于出口导向型经济来说实属罕见，其原因究竟是什么呢？

原来阻止增速下跌的正是房地产建设领域的经济刺激政策。通过这些政策，政府吸引到大量资金用于房地产建设，直接促使2016年房地产建设投资对经济增长的贡献率高达50%，成为拉动经济增长的主要动力之一。如果没有这些投资，经济增速将难以突破2%。由此表明，产业结构及失衡现象与增长率等表层数字同样重要，我们需要进行全面了解以准确把握经济本质。

第三个方面的失衡出现在个体工商行业。2017年韩国个体户占就业总人口的25.4%，即每4名就业人口中就有1名属于个体户，使韩国成为继希腊、土耳其、墨西哥和智利以外的个体户占比最高的国家。希腊和土耳其属于旅游大国，个体户规模自然较大，但像韩国这样产业结构健全的国家拥有如此大规模的个体户群体实属罕见。

事实上这暴露出韩国当前产业结构和劳动力市场畸形的一面。以出口和大企业为中心的经济结构使劳动力市场呈两极划分，中小企业与大企业之间的差距不断加大，而这种差距具体体现在工资水平上。据了解，如今大企业的薪资水平足足高出中小企业1.7倍。一旦失业，人们就很难像过去一样再次实现“体面就业”，所以大多数人就选择从事个体工商业。

亚洲金融危机后，韩国废除了终身雇佣制，使退休提前来临。第一批婴儿潮一代由于不能充分享受养老金等社会福利保障，面临仅靠退休金养老的窘境，因此被迫成为个体户。这种失衡现象从侧面反映出韩国产业结构和劳动力市场存在的问题。

最后一个失衡的方面是房产价值在家庭资产中所占的比重。在韩国，房产价值占家庭净资产的比重高达80%～90%，这便解释了为什么2018年首尔市的房价暴涨能掀起又一轮房地产投资热潮。出现这种失衡现象的原因是经济失去活力，除了房地产以外，人们没有更好的投资方向。

充满发展活力的经济能通过创新不断孕育新兴产业，吸引市场资金持续流入；相反，失去活力的经济只能依赖房地产产业。经济一旦出现增长停滞，资金将首先涌入房地产领域，造就楼市不败的神话，但是，当国家经济始终无法回暖，一飞冲天的房价最终也只能跌回原点。

以日本为例，自20世纪80年代签署《广场协议》（Plaza Agreement）[1]后，日本经济丧失活力，出口竞争力受到严重影响。对此，政府宣布将投放大量资金以刺激国内经济发展，然而这些钱大部分都流向了房地产行业，导致东京23区的房价在两三年内暴涨一倍之多。后来，随着1989年泡沫破裂，房价开始逐步下跌，最终落回到了原来的水平。

当整个经济陷入停滞状态时，房地产价格出现异常上涨是一种缺乏其他投资项目导致的暂时失衡现象。这种现象只是一种回光返照，并不能实际拉动收入与经济增长。然而作为一种失衡的信号，它值得我们警惕。

---

[1] 1985年美国、法国、德国、日本和英国的财政部长在纽约广场饭店举行会议，联合干预外汇市场，诱导美元大幅度贬值。

CHAPTER 3

如何在经济动荡中成为胜者？

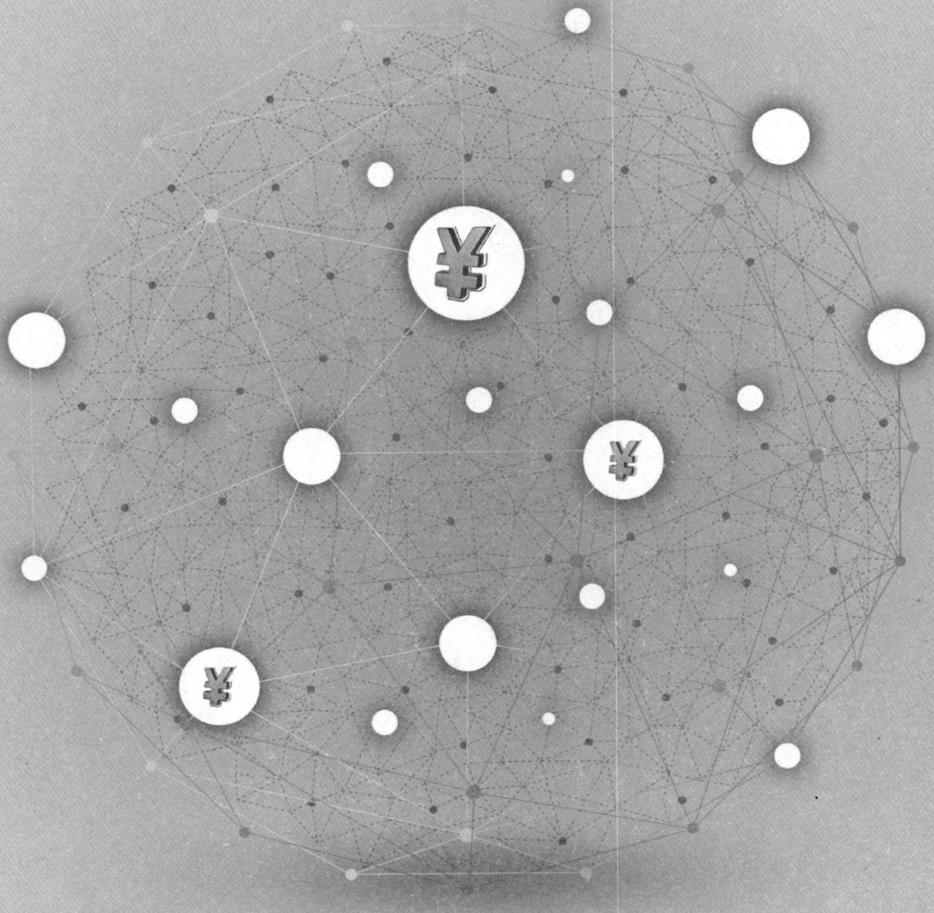

机会总是蕴藏在困难之中。

——阿尔伯特·爱因斯坦（Albert Einstein）

1 无法回避的未来，三种应对方案

对来自美国的“危险信号”提高警惕

如今美国正处于历史上第二个长期繁荣的新时代，从 2009 年 7 月至 2018 年 11 月，经济持续增长了 113 个月。此外，标准普尔 500 指数创下历史上最长牛市行情，经济扩张周期达到了惊人的 114 个月。然而牛市过长也逐渐给人们带来疲劳感。

此次的经济长期繁荣得益于 2008 年金融危机后美国联邦储备委员会采取的持续量化宽松和超低利率政策。在货币拉动的经济繁荣中，资产价格一路飙升，在这 9 年里，标准普尔 500 指数涨幅达到 332%，是历史第三高的纪录。另两次分别为大萧条之前的 497%，以及 20 世纪 90 年代互联网泡沫破灭前的 417%。每一次股价的异常上涨最终都以暴跌收尾。[1]长期繁荣后必将迎来持续的股价下跌与经济萧条。

随着资金的流入，房地产市场也出现过热现象，伦敦、纽约、香港、温哥华等世界主要城市房地产价格飙升，大多数更是高于 2008 年全球金融危机以前的价格。但是，房价上涨并未能带动国家经济发展和国民收入的提高。从经济增速来看，此次延续了 10 年之久的经济繁荣实际名不副实。自 2009 年经济复苏到 2017 年，美国经济年均增速仅有 1.8%，与 1990—2000 年互联网泡沫时期 3.3% 的增速相比，只有后者的一半。[2]

这场名不副实的经济繁荣在 2016 年首次发出了预警信号。当时中国上海证券综合指数与前一年最高点相比下跌近 50%，对此，乔治·索罗斯等数名对冲基金投资专家相信人民币将在短期内快速下跌。这一危机论甚至影响了欧洲与美国股市。

通常来说，当恐慌开始蔓延，政府或金融部门就会出面稳定市场。这次也不例外。2016 年美国大选期间，美联储宣布停止加息直至大选结束。虽然美联储一直宣称政治中立，但从其打破利率上升趋势、强行停止加息的行为来看，似乎仍有所顾忌。

当时，作为在野党总统候选人的特朗普对美联储维持低利率不变的政策提出强烈谴责，认为其在为自己的对手希拉里·克林顿服务。然而时任美联储主席珍妮特·耶伦（Janet Yellen）对此丝毫不予理睬。美联储停止加息的做法一方面推迟了危机的爆发以及随之而来的全球经济增速放缓，另一方面却助长了资产市场泡沫。

在美国经济的长期繁荣即将落幕之际，特朗普成为白宫的掌权者。他一上台便同时推出经济刺激和减税两项政策，将企业所得税下调 21%，并降低个人所得税。特朗普的减税效果十分突出，2018 年完成减税 1 630 亿美元，2019 年减税 2 850 亿美元。

不仅如此，根据美国政府发布的 2018 年财政预算案，美国将在接下来的两年扩大对社会基础设施建设的投入。这一决定最终导致政府财政赤字逐年上升，2018 年和 2019 年分别增加了 1 080 亿美元和 1 740 亿美元，到 2020 年美国政府的累计财政赤字有可能会突破万亿美元大关。[3]

这份巨额的财政预算案强烈刺激了美国经济，使长期的经济繁荣局面得以延续，也令特朗普本人十分沾沾自喜。不过相关政策的经济刺激效果将逐渐消失，届时反而会成为影响发展的一大阻碍。

因此，特朗普的减税政策给美国人民带来的只是经济加速发展的错觉，实际上却留下了一屁股债。这种透支明天的做法将使国家在真正面临危机时，彻底失去提振经济的武器。

自 2006 年起，民主党和共和党政府通过轮番推出货币政策和财政政策，帮助美国成功摆脱了经济停滞，但同时也一手造成了巨大的市场泡沫。随着时间的不断推移，几乎可以预见这场即将袭来的危机将对美国经济带来怎样惨烈的打击。

正如前文所述，2020 年经济危机论一出，美联储就表示将提前结束加息，并考虑实施新的量化政策。加上 2020 年是美国大选之年，美联储也不得不提前做好准备。由此看来，未来两三年将会是美国长期繁荣时代终结的重要分水岭。届时，美联储和政府会想尽一切办法阻止经济衰退，但苦于可选用的政策工具不多，注定会打一场艰难的战争。从2016年和2020年总统大选时美联储停止加息来看，未来的降息空间很小。

正如第一章中所言，美联储前主席本·伯南克、雷·达里奥及投资银行摩根大通均认为，在当前的经济状况下，美国极有可能在2020年爆发危机。但是，如果在大选之前特朗普和美联储竭尽全力去阻止经济衰退，这场危机便有可能会被推迟两到三年。

然而一味地通过经济刺激政策、量化宽松和降息来维持繁荣假象，只会输得更惨。如果特朗普坚持利用其他政策工具来推迟危机的到来，最后所遭受的打击会成倍增加。我们须密切关注今后两三年内出现的有关经济信号。

未来的经济走向，三种可能性

世界经济将在2020年后迎来拐点。如果我们以当前的经济状况为基础，推测今后发展趋势，并仔细解读未来两三年内出现的各种经济信号，就有可能预测全球经济的未来走向。目前来看，未来经济发展趋势有以下三种可能。

第一，得益于政府和财政部门的经济刺激政策，美国当前的长期繁荣将继续持续下去。就在2018年的冬天，数名经济学家和知名投资人纷纷提出“2020年美国经济危机论”。随后第二年，美联储便透露停止加息的计划，同时特朗普也表示将大力提振美国经济。

如果上述举措均能取得成效，那么“2020 年美国经济危机论”也就成了煽动美国经济实现长期发展的那只蝴蝶。届时，即使南美、南欧和亚洲的几个不发达国家经济不景气，只要美国能够充当世界经济的压舱石，经济就将继续向前发展，而不会出现较大危机。

但是从本书介绍的六种信号来看，美国经济其实正在走下坡路。就连世界经济的火车头中国最近也出现波动。因此在这种背景下，我们很难作出乐观预测，认为世界经济能逃脱一劫。

第二，世界主要国家将在 2020 年前后出现经济疲软，陷入日本式的长期萧条。从全球范围来看，如今适龄劳动人口日益减少，贫富差距呈现极端化趋势。2008 年全球金融危机爆发后，世界经济因超低利率和量化宽松政策实现复苏，并维持了长达 10 年的发展。如今随着加息政策来临，这 10 年的泡沫将至破裂的边缘。

通过制造泡沫来克服危机，就会在泡沫膨胀至极限的一刻面临情况急转直下的危险。不过，鉴于美联储和各国财政部门在之前几次的泡沫经济危机中积累了丰富的应对经验，有可能成功利用各种金融政策工具让经济实现“软着陆”，因此即使危机到来，人们也不至于过分悲观。

如果美联储等世界各国财政部门能够妥善应对，或许 2008 年的悲剧将不会重演。但这也仅仅限于避免出现最糟糕的局面，世界经济仍十分可能陷入结构性低迷和日本式的长期萧条。如此一来，即使不会出现像1989年日本泡沫经济破裂时的局面，也会像法国和意大利一样面临长期萧条，增速一路下滑，人民生活水平下降的局面。如果经济增长率持续下降，将会出现像法国一样因骚乱事件陷入混乱的局面，或者像意大利那样，民粹主义政党得势，社会矛盾加深，潜在经济增长率下滑，陷入一种恶性循环。

第三种走向最为恐怖，即发生全球范围的经济危机。在之前的几次经济危机中，美联储等各国财政部门均出台了各种应对政策，尤其是在最近2011年欧洲债务危机时期，表现出惊人的协调能力，事先阻止了危机的全面爆发。然而经济对策与经济危机的关系就如同疫苗与病毒一样，在研发和生产疫苗的过程中，病毒也在不断变异、进化，导致我们永远无法真正摆脱经济危机。以美国为例，即使在各种最新经济理论的指导下，其财政部门仍然未能成功避免千禧年互联网泡沫破裂和2008年全球金融危机的影响。

当前世界各国负债规模不断上升，无论是新兴经济体还是发达国家，都有可能成为下一轮危机的爆发地。假如美国的经济疲软与中国经济危机、欧元区经济衰退一同袭来，人类就有可能陷入一场史无前例的“完美风暴”，迎来最糟糕的结局。“完美风暴”指两股以上的飓风相遇后汇合成的威力无比的强大风暴，这里喻指在世界各地同时发生经济危机的情况。就像两股飓风相遇后形成的风暴走向难以预测一样，多国同时爆发危机时，我们将很难作出预估并及时出台应对措施。

从分析来看，我们必须阻止第三种经济走向。不过就六种信号而言，第二种发展方向即世界经济陷入长期低迷的概率最大。但考虑到政治环境复杂多变，美国大选、中美贸易摩擦等问题随时可能成为全球经济危机爆发的导火索，因此我们需要对世界经济变化的信号保持密切关注。

为迎接2020年美国大选，美联储可能会全面下调基准利率或再次实施量化宽松政策，特朗普政府则将通过财政政策加大对经济的刺激，如此一来，美国经济将会出现短暂复苏。但这只会是一种危险的错觉，并将增大2021至2022年间出现“完美风暴”的概率。

特别是如今世界主要国家领导人多为铁腕人物，在这种情况下，不能排除其在自己任期内为促进经济发展作出极端选择的可能性。一旦为避免增速下滑选择剑走偏锋，就极易引发致命的经济危机。

各国领导人在面临重大问题的决断时总是犹犹豫豫，英国脱欧问题、中美贸易战、意大利财政问题等悬而未决。这些堆积如山的重要问题若在未来某一刻同时爆发，将在全球引发连锁反应。

因为当一国经济开始恶化，该国领导人便会通过发动更加激烈的贸易战的方式来转嫁危机。事实也的确如此。1929年世界经济大萧条发生时，各国领导人只顾本国利益，争先恐后建立贸易保护壁垒，导致世界经济愈发萎缩，大萧条程度加剧。今天的我们应该铭记这段血的教训。

令人遗憾的是，前文中提到的第一种发展趋势几乎不具备现实可能性。无论未来如何发展，过去长达10年的繁荣期仍将一去不复返。无论泡沫经济是被抑制还是破裂，都将面临调整。只是在意图推迟危机爆发的各国首脑及经济官员们的积极干预下，泡沫破裂的可能性更大。

未来两至三年内，世界经济将面临重要分水岭。若想准确把握经济未来走向，未雨绸缪，就须率先寻找到重要的经济信号，进行正确解读。

另一方面，**无论未来经济如何变化，我们都要提前构建属于自己的投资组合，以保障收入稳定，并本着追求稳定的态度理性地寻求合理的投资组合方式，直到经济触底反弹为止。**

不管今后面临的是经济停滞、衰退还是危机，只要人类继续存在，经济就能再次实现腾飞。而这一飞跃将发生在天亮的那一刻。所以，如果在此之前便因黎明前的黑暗陷入绝望的话，将极有可能错失发展的良机。

因此，为了正确把握时机、实现崛起，我们需要灵活利用本书中提到的各种经济信号，包括基准利率、市场利率、负债率等，关注汇率和房地产、股价等资产价格的变动。只有这样才能抢占发展先机，获得逆袭的钥匙，开启新时代之门。

2 决定房价的三大关键词：需求、供给、利率

房价波动的秘密

2010 年韩国白菜价格飞涨，一颗批发价格超过 1.11 万韩元，直接导致第二年农民大量种植白菜。如今，白菜价格却暴跌至一颗 890 韩元，销售收入甚至填补不了运输等方面的成本，于是大部分农民选择不收割、直接翻耕。

到了 2012 年，选择种植白菜的农民数量急剧减少，白菜供给不足，批发价格又被哄抬到 1.33 万韩元。根据供给规律，价格越高，供给就会增加，反之价格下降，供给也会随之减少。那么白菜市场为何没有遵循这一市场原理呢？

其原因是白菜生产周期较长，从种植到收获需要一定的时间，所以即使在成熟的过程中白菜

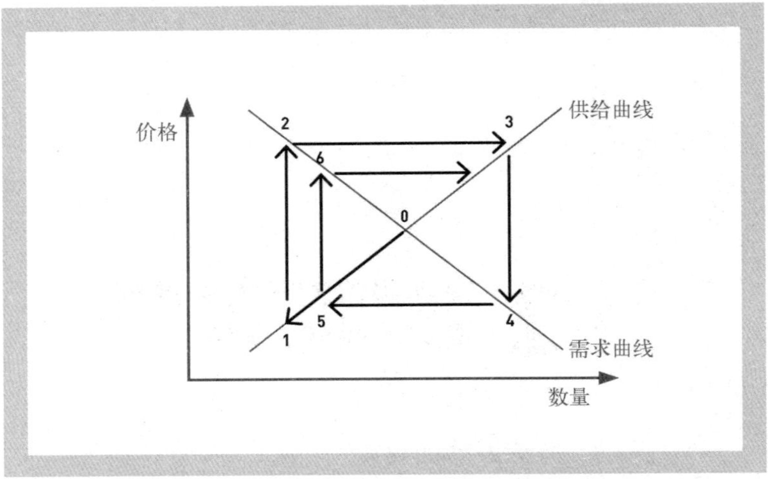

图 3－1　可用来分析白菜价格波动的蛛网模型

价格突然暴涨，农民也没法马上增大供给量。如上图所示，这种现象用供给和需求曲线表示出来，呈蛛网分布，在经济学上被称作“蛛网模型”（Cobweb model）。

假设需求曲线与供给曲线相交处 0 为白菜的初始价格，此时价格保持稳定。后来由于干旱等外部因素导致白菜供给量减少至 1 处，价格大幅上涨至图中 2 处。此时，发现有利可图的农民们开始大量种植白菜，导致供给量增长至 3 处，而白菜价格重新跌回了 4 处。

这种蛛网模型的典型代表是房价。自 2000 年起，韩国房地产价格呈现出惊人的规律性波动，并不断上升。下图是韩国国民银行有关韩国房价增长率的统计图，虽然有人对其统计方法提出过质疑，但与至今为止的其他房地产统计数据相比，这份资料拥有较高的可信度。

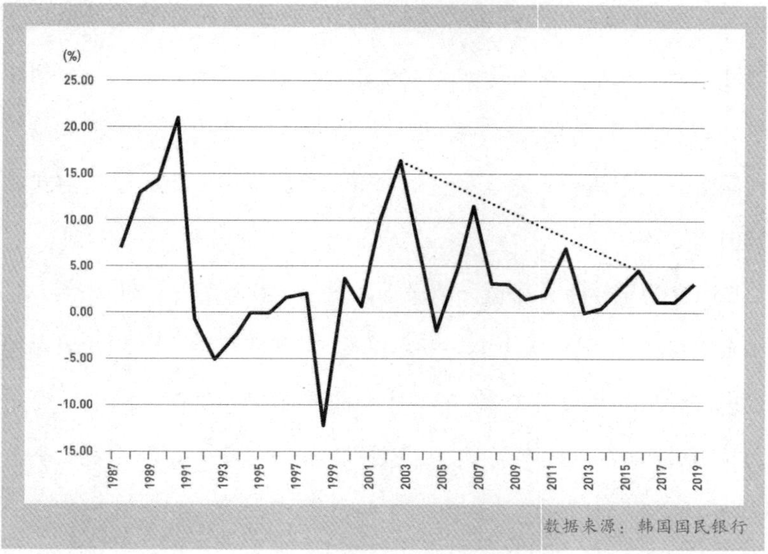

图 3-2 韩国房价增长率（同比）

统计显示，房价出现了两到三年内飞涨，后又在一到两年内趋于稳定的规律性波动。这种现象的背后原理便是前文所提到的蛛网理论。在房屋供不应求的情况下，房价出现上涨，此时发现商机的建筑商会加大预售力度，但新房从出售到迎来新住户起码还需三至四年的时间，在这期间房价将保持上升趋势。

在房价持续上升期间，建筑商完成了所有预售。但是由于不能立马入住，供给短缺依然存在，房价持续上涨。此后三到四年内住户正式入住，此时供给过剩，房价稳中有降。当房价稳定时，建筑商又因销售业绩不佳开始推迟出售，三四年后入住率开始下降，导致房价再次上涨。

自2000年以来，韩国的房价共出现过四次大幅波动，但均在暴涨后趋于稳定。第一次波动发生在亚洲金融危机之后。受危机影响，1998年韩国房价跌幅超过12%，经济出现严重衰退，楼盘停止销售。三年后由于入住率过低，市场上供给量不足，于是房价自2001年开始飙升。

有趣的是，随着房价不断波动，增幅在逐渐缩小。2002年，韩国全国房价增长率高达16.4%，虽低于1990年的21.0%，但已是远远高于现在的水平。2006年韩国房价迎来第二次大波动，全国房价增长率为11.6%，第三次波动发生在2011年，增长率为6.9%，呈下降趋势。

最近一次波动发生于2015年，当时全国房价增长率跌至史上最低点4.4%。朴槿惠政府为进一步提高房价，实施了超低利率、放宽房地产市场限制等各种措施，即所谓的“贷款买房政策”。随着媒体的积极报道，相关政策迅速发挥作用。

得益于政府的政策支持，房屋销售量暴增。2000年到2014年，韩国年平均售出房屋27万套，之后几年更是大大高出这一数字，2015年为52万套，2016年为45万套，2017年为33万套，2018年为30万套。这是自卢泰愚政府后韩国出现的最大销售量。在卢泰愚时期，政府曾豪言将供给200万套居民住宅。

于是，随着销售量的剧增，房价开始下跌。事实上在卢泰愚政府完成200万套住房建设后，韩国的房价在1991年到2000年一直呈现下滑趋势。在当时，一个经济增速和物价上涨率颇高的发展中国家出现房价长期大幅下跌的现象实属罕见。这种现象后来也一直影响着韩国的房地产市场。

如今韩国面临史上第二次预售潮，需要特别留意房地产市场当前及未来的发展趋势。特别是2019年到2022年期间，韩国入住率高于历史平均水平，因此很有可能出现与20世纪90年代一样的大调整。

实际上，政府可能早就意识到了这一点。因为在朴槿惠执政时期，政府曾出台了旨在扩大房地产需求的多项政策。其中最具代表性的是向出租房屋业主提供各种优惠。例如规定出租房屋业主可在房产税和过户费上享受优惠；另外，无住房或拥有一套房产的房主则比以前更容易获得贷款。

然而朴槿惠政府的这一系列扶持政策却能取得成效，韩国房价仍然开始趋于稳定。尤其是2016年后，韩国出口额史无前例地大幅下滑，企业收益恶化，家庭收入也变得不稳定。在这种背景下，第四次大波动逐渐平息，房价呈现稳中有降的趋势。

但是随着2017年半导体超级周期的开始，原本骤减的出口额如今有了复苏迹象，企业投资增加，带动经济增速上升至3%的区间。随着企业业绩不断增长，工资大幅提高，中产阶层与富人的家庭收入实现迅速增长，市场上对高端住宅的需求也随之上升，进而导致房价再次回升。

然而，直到2018年上半年，这一市场变化才引起文在寅政府的重视。但随后政府有关综合房地产税的改革不及市场预期，导致房价进一步上涨。与上一届政府相比，文在寅政府增加了对出租房屋业主的各项优惠政策，导致拥有多套房产的出租房屋业主们的住房需求不减反增。

但与朴槿惠时期明显不同的是，如今文在寅政府的主要目的是抑制市场过热，所以多少让人有些困惑其采取上述措施的原因。对此，我认为要么是出于对市场动向的把握，即因提前预知到房价将在2019年后面临下跌的风险，所以不敢出手稳定房价；要么是政府并未能洞察到2018年市场对房价上涨的推动力，所以忽视了这一问题。

之后，为打压过于旺盛的市场需求，政府分别在2018年9月13日和9月21日出台了针对房地产交易和供给的两项政策，勉强稳定住了飞涨的房价。根据9月13日颁布的住宅市场稳定政策，拥有一套及以上住宅的房主将无法贷款买房。再加上房产税的大幅上调，市场过热现象最终被成功抑制下去。

那么，韩国今后的房价又将如何变化呢？对此，我们需要从房地产市场的供需两个层面进行分析。首先，在供给方面，由于2015年到2018年期间商品房被大量售出，直接导致2019年起的至少3年内市场处于供过于求的状态。此外，政府为抑制房价上涨推出了第三期新城建设计划，预计为20万户家庭提供新住房。首尔市也推出了类似项目，计划将城市周边地铁站附近区域利用起来或者提高商业区的容积率，新建8万户住宅。虽然项目的最终落地情况无法保障，但从计划来看，今后韩国的住宅供给量无疑呈上升趋势。

如果相关项目最终得以落地，未来几年光是首尔圈就能提供多达28万套的新建住房。这绝不是一个小数目。

与此同时，需求问题也须得到重视。韩国即将面临前所未有的人口结构变化，且没有任何先例可以借鉴。2018年韩国的适龄劳动人口比重首次出现下降。其他出现此类现象的国家要么通过吸引大量移民，要么出台大规模量化宽松政策来刺激经济，否则就将陷入房价下跌的困境。

如今婴儿潮一代即将迎来退休，与其他几代相比，这一代人拥有更多资产并十分依赖“家”这个住所，因此一直以来都是推动房价上涨的主力军。随着婴儿潮一代正式退休，收入减少的他们大部分将在房屋买卖方面发生由买家到卖家的身份转变。特别是政府如今减少了针对出租房业主的纳税优惠，并提高了房产税，这无疑将加剧供需不平衡的状况。

另一方面，也有所谓的“房地产专家”主张当前激增的独居人口将会填补婴儿潮一代退休造成的住房需求缺口。然而，婴儿潮一代给出的卖房价格却不是独居人口所能承担的。新兴的独居者们大多数并不具备购房能力，单身公寓、学校等才是他们经常停留的地方。

为能准确预测今后的住房需求，我们有必要注意住房自有率[1]这一指标。住房自有率是指居住在自己拥有产权的住房中的家庭户数

[1] 与按普通家庭户数进行统计的住房普及率不同，住房自有率是指居住在自己拥有产权的住房中的家庭户数占整个社会住房家庭户数的比重。

所占的比重。2014年韩国住房自有率曾下跌至58%，原因是当时许多人对房价下跌抱有很高的期望，所以更愿意租房子来住。不过，随着房地产市场在2016年出现回暖，这一指标在2017年上升至61.1%，打破了2006年的纪录并创下20世纪90年代以来的历史最高值。

如今韩国独居人口比重达28%，比2000年（15.5%）增长了近一倍，独居成为一大社会趋势。与两人及以上家庭相比，单身独居人口几乎不具备购房能力，这便意味着如今市场上的住房需求已基本被满足，除特殊需求以外，住房实际需求将在今后很长一段时间内处于停滞状态。

影响住房需求的另一重要因素是收入增长率。在房价猛增的2017年和2018年，家庭收入也随之出现较大增长。《2018年家庭金融福利调查》结果指出，2017年韩国家庭平均年收入同比增长4.1%，创下自2012年之后四年的最大涨幅。随着收入的增加，中产阶级将倾向于改善其居住环境，同时也更有能力申请到住房抵押贷款，自然而然推动了住房需求的上升。

然而自2019年以来，韩国经济增速出现下滑，加上受到美国和中国方面的影响，韩国居民收入的增长速度很可能将放缓。不过，人均国民收入超过3万美元的国家基本上都面临经济增长率不足2%的困境，长期维持原有收入增速不变也不太现实。而居民收入增长停滞的最终结果将会是住房需求的减少。

利率也是影响房价的一大重要因素。新增的购房者多是通过贷款买房，即便不是，投资的机会成本也不同。因此一旦利率上涨，房价增速便会出现放缓甚至下滑。而美国曾在 2018 年四次上调基准利率，使利率成为如今影响房价上涨的重要因素。

然而，随着人们对未来美国经济增速放缓的担忧加剧，预计美国政府很快会重新下调利率。仅从利率因素来看，降息有可能促使住房需求增加。但是，如果美国提前完成加息，则意味着其经济正在加速恶化，此时下调利率的举措反而会成为房价下跌的导火索。

以上便是从住房供给和需求对 2020 年房价变动的分析。从目前的供求状况来看，韩国未来房价下跌的可能性更大。如果考虑到今后美国爆发经济危机的可能性，房价跌幅甚至可能超过预期。因此，我们需要密切关注近期房地产市场出现的经济信号，谨慎应对未来房价的变动。

2020 年，对房地产的反思

日本曾经“房地产不败”的神话如今成为“房地产连败”的笑话。1989 年日本房地产泡沫破裂后，东京 23 区的房价瞬间跌至原来的三分之一。然而这还只是开始，在之后的 18 年里日本房价一直处于下跌状态。

2007 年日本政府为刺激房地产市场使出浑身解数，最终成功使房价出现短暂回升。但随之而来的全球金融危机又使东京 23 区的商业地产价格出现 10% 的巨大跌幅。安倍上台后，日本房价虽维持着较长时间的上升趋势，但过去房价下跌带来的伤痛已然成为日本人民的心理障碍。

日本房地产专家认为，日韩两国的不同之处在于，韩国不曾经历 1989 年日本经济大衰退那样的严重危机。这句话有一定道理。因为当时韩国出台了各种针对房地产市场的调控政策，成功避免了大量泡沫的产生。

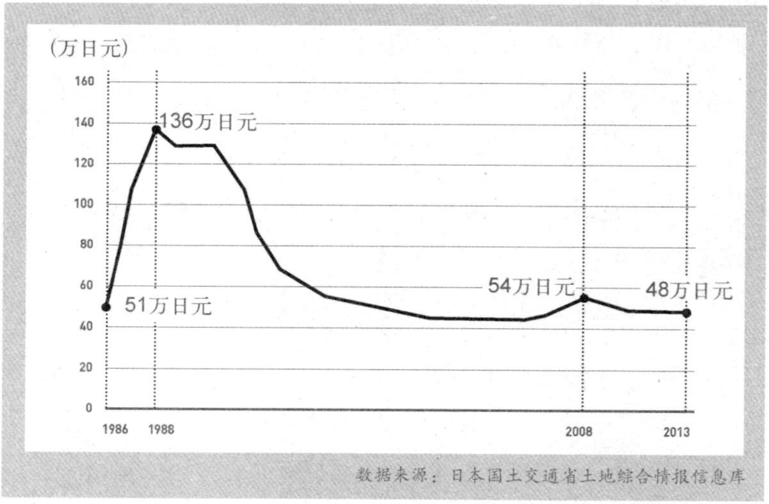

图 3－3　东京 23 区住宅用地公示地价变化图

20 世纪 80 年代出现的房地产市场过热最初被视作政绩，日本政府并未采取特殊措施，反而暗自骄傲。然而，随着东京 23 区的房价在 3 年内出现 2.5 倍的暴涨，日本政府终于意识到问题的严重性，迅速出手遏制房地产价格进一步上升，不过最后却成了刺破泡沫经济的那根针。日本的房地产泡沫由政府一手造成，最终也由政府仓促捅破，正可谓是典型的“政府因素造成的风险”。

与日本相比，韩国的房价只要出现一丝波动，政府就会通过贷款价值比（LTV）、负债收入比（DTI）、外债偿还率（DSR）等一系列看似复杂的管控措施和税收政策来抑制房价飞涨，因此韩国的房地产泡沫完全无法与20世纪80年代的日本情况相提并论。

事实上，日本房价暴跌后长达20年的不景气才是我们真正需要关注的。在那20年里，房价一直呈下滑趋势。任何一项资产在大幅下跌至原有价格的三分之一后，大部分情况下都会出现反弹。日本房地产市场实现第一次反弹的时间却在18年后，房价连续爬升2年后就又被打回了原形。直到最终迎来“安倍经济学”，房价回升，经历了长达25年的低迷。

那么，日本的房地产市场为何会陷入长达25年的萧条呢？究其原因，是当时日本社会同时暴露出了多种问题，包括适龄劳动人口减少、经济增速放缓、出口增长率下降、家庭收入减少、物价持续下跌等。为了解决这些问题，政府曾出台各种经济刺激政策，以促进房地产市场恢复活力，却收效甚微。

目前令人担忧的是，韩国将在今后十年出现与日本20世纪90年代相同的结构性问题。可以明显看出，如今韩国适龄劳动人口的减少速度远超当时的日本，经济也在迅速失去活力。同时，韩国的产业结构更加单一，经济主要依靠少数大企业支撑；而日本则在原材料和零件制造等领域具备较强竞争力。

此外，日本在经济萧条时期曾出现过通货紧缩，并伴随着房价下跌。韩国企图重新回到通货膨胀时期的梦想不太现实。一般而言，如果出现适龄劳动人口比重减少、人口老龄化、经济增速下降等现象，物价也会随之下跌。所以，当前韩国经济即将面临的可能是通货紧缩危机。不过危机程度或许没有日本严重。日元作为避险资产会在经济出现波动时大幅升值，而至今为止韩元价值在经济萧条和危机中均呈下降趋势，并由此带来进口价格指数上升，抵消了通货紧缩带来的部分压力。

而且，韩国虽然不会出现日本式的房价暴跌，但房地产市场的神话也早已破灭，如今的房价不会再像过去一样只升不降。韩国的整体经济情况与20世纪90年代的日本并没有太大不同，这意味着日本房地产长期萧条的悲剧未来很有可能将在韩国重演。

21世纪第二个十年初期将是决定韩国房地产市场日后长期发展方向的关键时期。**届时须在购房上更加慎重，特别是要充分考虑自身还贷能力，不要因贷款过多而陷入房价意外下跌带来的窘境，苦恼房子的去留。**

2010年以后，由于住房供应骤减，日本经济实现了复苏，房价开始回升。韩国也可能经历类似的小幅反弹。但这并不意味着只要买房就能赚大钱。正如本书所言，**我们需要综合考虑新增住房供应量和经济状况等各种经济信号，才能作出准确判断。**

3 股市动荡，到底该投资什么？

韩国股市，长期投资时代已经结束

人们通常认为买入股票后即使放着不管，总有一天股价也会上升，而只要跟随大盘走，就会有收益进账的一天。这是一种完全错误的想法。因为在大部分国家，过去20年的长期投资战略并未一直给人们带来收益。不过美国和韩国是个例外。

美国道琼斯指数在1999年1月为9 184点，2019年1月上升至23 058点，涨幅超过一倍。同样，韩国综合股价指数（KOSPI）也在这期间由565点涨至2 050点，出现两倍以上的增长。仅从美韩两国的数据来看，长期投资股票似乎也并不是一件坏事。但是，如果将视线转向欧洲，就会发现大部分适龄劳动人口开始减少的发达国家股票价格指数处于停滞状态，只在区间内上下波动。

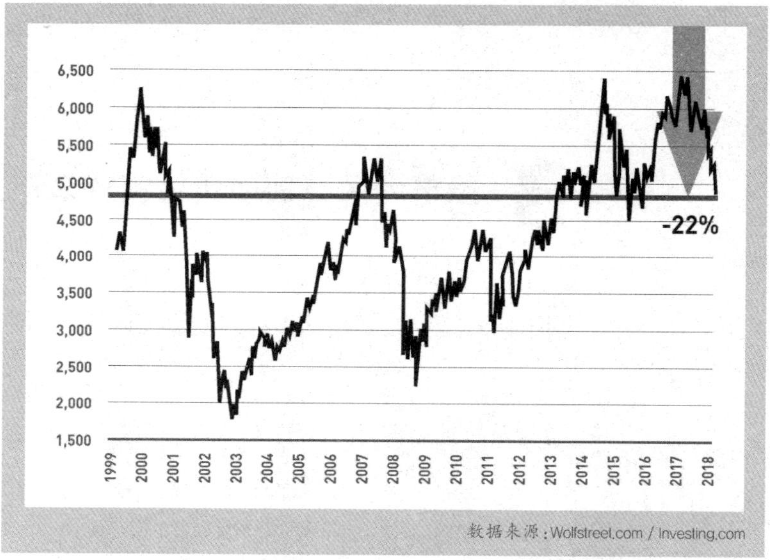

图 3－4　德国 DAX 指数变化图（1999—2018 年）

欧洲的一流制造业强国德国的情况亦是如此。德国 DAX 指数[1]显示，2018 年年底股票价格指数与 2000 年 3 月相比大跌 22%，与 2007 年相比下跌了近 10%。也就是说如果投资者在 2000 年年初对 DAX 股指基金进行长期投资的话，将会在很长一段时间内面临股价下跌的情况，甚至可能赔掉本金。

自 20 世纪 90 年代起，德国的适龄劳动人口比重开始下降，并

[1] 德国重要的股票指数 DAX。为与其他国家进行客观比较，我选用了去除股息因素的 DAX 指数。

在进入 21 世纪后发生骤减。在适龄劳动人口比重开始急速下滑时，股价出现暴跌，但随后却收住了跌势，逐渐稳定下来。

如此一来，德国的情况算不上糟糕。而与之相比，法国就十分危险。从巴黎 CAC40 指数来看，相比 2000 年 9 月的法国 CAC40 指数，2019 年 1 月的法国 CAC40 指数足足下跌了 31%。这意味着若有投资者在 2000 年投资该股指基金，则在过去 20 年里从未收回过本金。即使是在 2008 年的市场泡沫和 2018 年的经济景气时期，指数最高点依旧不断下滑，预计未来保本的可能性更低。

近日，在对日本经济的一片叫好声中，人们开始产生错觉，认为日本会有所不同。其实日本的情况比德国和法国更加严重。20 世纪 90 年代，随着日本适龄劳动人口下降，日经指数暴跌，并在随后的 15 年里呈持续下降趋势，跌幅最大达 80%。虽然后来“安倍经济学”的推出挽救了日本股市，使其恢复上升，但也仍然只恢复到了 1989 年的一半水平。

或许在一些人眼里，“安倍经济学”就像有魔法一样拯救了日本，但其实这种通过增加货币供应量来提振经济的方式并不新奇。早在 20 多年前的大萧条时期，日本就曾反复利用该方式来促使经济复苏。

“安倍经济学”中真正起作用的是日元贬值政策。在这一方面，安倍首相比前几届政府都做得更出色，在长期推动日元贬值上更加积极、坚定。之前几届政府也曾试图通过引导日元贬值来扩大出口。

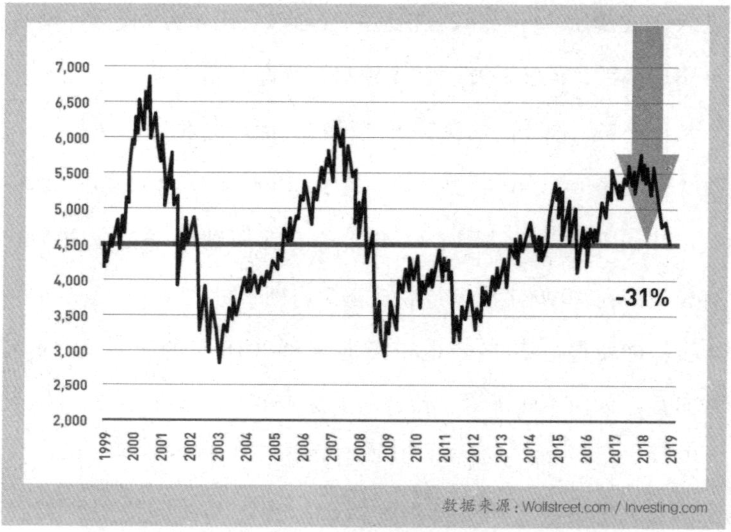

图 3－5　法国 CAC40 指数变化图（1999—2019 年）

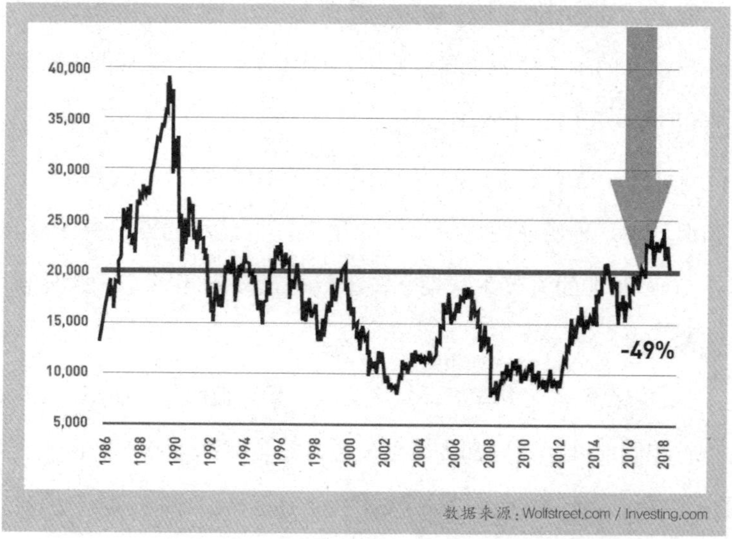

图 3－6　日经 225 指数变化图（1986—2018 年）

但是日元贬值政策具有局限性，它只对日本自身有利，而无法改变全球经济增速放缓的大趋势。在这种背景下，随着全球经济越发不稳定，日元面临升值风险。因此当经济出现波动时，日元价值可能率先出现飙升，届时以日元贬值政策为核心的“安倍经济学”将遭受巨大打击。

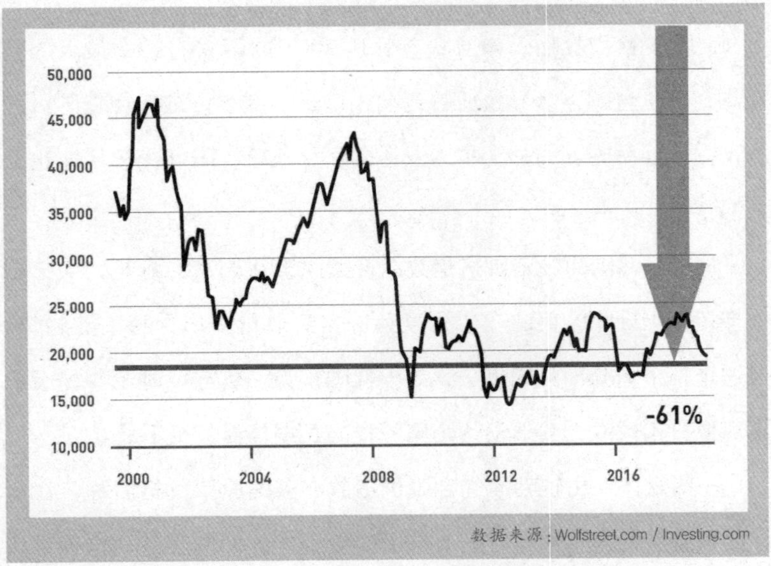

图 3－7　意大利 FTSE MIB 指数变化图（2000—2016 年）

意大利的经济情况比日本还要不稳定。21 世纪初以来，该国的股票价格指数便随着适龄劳动人口的骤减暴跌至最初的三分之一，直至目前也还不及历史最高值的一半。而作为欧元区国家，意大利有一个致命弱点，即其无法像日本一样利用本国货币贬值来挽救经济。

但至少意大利可以使用财政政策来促使本国经济实现复苏。不过，迫于欧盟方面的压力，该国自2019年起实施的扩大财政赤字的经济刺激措施最终半路夭折。虽然意大利暂时作出了让步，但如果欧盟继续施压，结局令人担忧。由于意大利经济刺激措施的失败，脱欧（Italexit）话题恐被再度提起，届时整个欧洲将陷入一片混乱。

股票价格指数陷入停滞状态长达20年的国家有一个最大的共同点，即生育率下降导致适龄劳动人口逐渐减少，进而使得国民经济丧失发展活力。另外，步入发达国家行列后，国家经济增速也会大幅下滑。

那么，韩国的股票价格指数能否摆脱上述国家的危机，像美国一样持续上升呢？美国在成为发达国家后股价依旧保持上涨趋势，但这是一个十分罕见的例子，对于韩国来说，仍需要时刻警惕经济出现像日本或欧洲其他发达国家一样的长期停滞甚至下滑。

一些媒体在比较韩国综合股价指数和美国股票价格后称，在全球股价暴涨的大背景下，只有韩国的股价在区间内震荡。这种看法是错误的，因为此观点将美国的增长视作整个世界的增长。其实在过去20年里，韩国才是全球股价指数涨幅最大的国家。

正如上述图表所示，日本、意大利、法国及制造业强国德国的股票价格指数均在区间内上下波动，只有韩国综合股价指数在过去20年里呈持续上升趋势。而这种增长率在拥有稳定政治制度和开放资本市场的国家中很难见到。因此，韩国股市一直是境外投资者

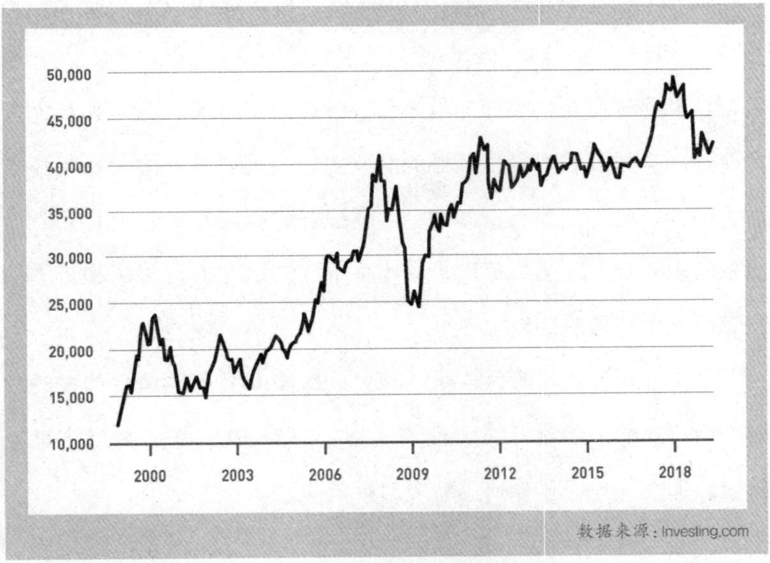

图 3－8　韩国综合股价指数变化图（2000—2018 年）

的热门投资标的，外资持有比重超过 37%。

人们经常会低估自己取得的成就。事实上除韩国之外，我们恐怕找不出第二个人口总数超过 5 000 万的国家能在第二次世界大战后从发展中国家迅速实现人均国民收入达到 3 万美元以上。而这种惊人的发展速度为后来股市的持续性上涨奠定了重要基础。

但韩国并不是美国，没有能力长期保持当前的上升趋势。人均国民收入超 3 万美元的国家仿佛都陷入了低速增长的泥沼，经济增长率大部分维持在 1% 左右，由此可见，韩国未来也逃不开增速放缓的命运。而且，当前韩国的适龄劳动人口减少速度非常快，过去支撑经济持续增长的经济结构将很难维持。

自2010年以来韩国综合股价指数一直在区间内上下波动，然而却在2018年突破了2600点，呈现出惊人的上升趋势。究其原因，是半导体产业超级周期带来的暂时繁荣。将来，除非朝韩之间实现经济合作或有半导体领域的利好消息，否则韩国的股指可能会再次陷入困境。此外，自2018年起韩国的适龄劳动人口出现减少，而先韩国一步出现适龄劳动人口比重下降的欧洲发达国家和日本均在随后发生了股价暴跌。

由此看来，**买入持有策略（Buy and Hold）不再适合如今的股票市场**，我们需要制订新的投资计划以应对2020年后的经济增速放缓。那么，今后该如何进行股票投资呢？

炒股，需要不同的策略

如前文所述，从日本、意大利、德国、法国等经济更发达或提前20年步入老龄化的国家的遭遇来看，韩国股市未来重回牛市的可能性不大。

不过，即使迎来了老龄化时代，只要能够及时调整经济结构，经济就能实现反弹。以日本和意大利为例。前者在适龄劳动人口比重出现下降时遭遇股价暴跌，但随后成功实现经济复苏，与历史最低值相比，股价在10年内上涨了2倍之多；后者则在股价暴跌后5年多的时间内成功反弹，最终实现1倍增长。由此可见，在老龄化现象造成经济萎缩最严重时进行股票投资也不失为一种好的策略。

第二种策略是放眼海外市场。事实上在低利率时代来临时，由于寻找不到合适的国内投资标的，日本投资者大多转向了海外投资。而每当全球金融危机袭来时，投资者又纷纷将资金撤回国内，导致日元需求量增加，出现升值现象。

当前可投资的海外市场主要有发达国家和发展中国家两大类。不过，如前文所言，发达国家如今正处于低生育率和老龄化阶段，把钱投入这些国家很难取得高回报。相比之下，从长远来考虑，**投资美国较为划算**。那么美国又究竟为何不同呢？

第一，虽然美国的适龄劳动人口也在减少，但速度十分缓慢，再加上大量移民涌入，抵消了部分负面影响。而移民大多是科学（Science）、技术（Technology）、工程（Engineering）、数学（Mathematics）专业的所谓 STEM 人才，在不断刺激美国生产力提高方面扮演着重要作用。

第二，美国走在技术发展的最前沿，并在国际标准化中占据主导地位。特别是如今随着工厂实现完全自动化，美国企业开始回流[1]，促使其同时成为制造业和技术中心。

第三，美国正在充分利用美元作为国际储备货币的特殊地位。美元成为国际储备货币已有 70 年之久，如今在以美元为核心的国际货币体系下，美国不断收割他国财富，促使资本回流。

但是目前并不是投资美国市场的好时机。因为即使美国在高新

[1] 指走向海外市场的本国企业再次回到该国的现象。

技术产业方面处于领先地位，也不意味着其经济能够永远蓬勃发展。如今，美国经济已经历了10年的长期繁荣，未来将不可避免地进入大调整，所以现在投资美国市场只会陷入不断的担忧之中。

特朗普在任期内推出的经济刺激政策也将成为一大风险因素。从2017年到2018年，美国股市由于各种经济刺激政策的颁布而一路飙升，但如今这些政策逐渐失效，反而可能在21世纪第二个十年初期成为阻碍经济发展的不利因素。

当然，美国无疑是一个绝佳的长期投资市场。除非其愚蠢地抛弃自身优势，不然即使面临重大调整，美国股价也能在跌落后实现回升，弹性上涨。

具有较大发展潜力的新兴经济体同样是值得投资的对象，尤其是印度、越南、马来西亚等人口平均年龄较低的年轻国家。如今这些国家正在推动人力资本的投资工作，并且吸引了不少外资。

不过，投资这些国家有两个巨大的风险因素：汇率和政治稳定性。大部分新兴市场国家都曾在繁荣时期因政局动荡出现经济状况恶化和股价暴跌。另外，无论股价如何飙升，只要货币出现贬值，投资者就有可能遭受损失。其中最典型的代表是印度。从2009年到2018年，这个拥有大量年轻人口的新兴经济体一直保持着持续增长，股指大涨了142%。那么假设我们在2008年底投资了印度股指，是否能在其后10年内获得高达142%的回报呢？

答案是否定的。因为韩元对印度卢比汇率出现了大幅上涨，由2008年的1卢比对29韩元攀升至2018年的1卢比对16韩元，几乎上涨了一倍。若把142%的回报换算成韩元，收益率将下降至33%，远不及投资韩国股市的收益率。

当然投资者可选择外汇对冲交易（Hedge）来规避风险。但是像卢比这样波动幅度较大的货币，对冲交易反而可能造成更大损失。综上所述，**在投资新兴市场时，该国货币的波动性是一个值得特别注意的因素**。

除印度以外，越南也是最近人气较高的投资目的地之一。不过，之前的投资者皆因越南盾（VND）大幅贬值付出了巨大的代价。1986年越南盾对美元汇率为23，到了2018年却暴跌至23 000，就这样越南盾在32年内贬值为原来价值的千分之一，使得投资者们蒙受巨大经济损失。

另外越南股价曾在2006年出现暴涨，无数投资者纷纷将目光投向了越南基金，坚信越南股价会如韩国的“汉江奇迹”一般一路高歌猛进。然而就在两年后，全球金融危机袭来，越南股价暴跌，越南盾面临大幅贬值。并且由于国内严重的通货膨胀，越南盾没能像韩元一样在危机结束时立即恢复原有的价值。于是，遭受股价暴跌和货币贬值双重打击的投资者平均只捞回了本金的五分之一。

在进行境外投资时，我们通常只看到一国的经济发展潜力，却忽视了一些发展中国家为确保出口竞争力随意增加货币流通量，引导物价上涨，人为造成本国货币贬值的做法。这些国家绝对不是一个好的投资对象。简而言之，某些国家虽然物价增速极快，货币却可能面临大幅贬值的危机。而无论股价如何飙升，只要货币出现贬值，投资者就有可能吃亏。**因此在投资发展中国家的股市时，投资者一定要认真确认该国的物价增速情况。**

投资债券的唯一机会即将到来

在韩国，债券并不是备受青睐的个人投资产品，因为人们认为它不会像股票或房地产价格那样出现大幅上涨，带给人惊心动魄的快感。不过事实却恰恰相反。债券可产生稳定且极高的收益，此前的投资回报率数据就是一个很好的证明。

韩国金融投资协会在比较各项投资的累计回报率后发现，[4]从1983年起30年内回报率最高的是股票，接下来是债券和存款。房地产投资回报率则远低于股票，前者在江南地区的回报率还不到后者的八分之一，即420%。

在当前低利率的大背景下，人们可能会对存款投资的高回报率感到意外。出现这种情况的原因是在过去房价飙升之时，银行存款利率同样高得吓人。1980年韩国1年期定期存款的年利率为24%，按照此利率来算，3年内本金便可实现1倍增长。此外，5年劳动者财产形成储蓄的年利率为36.5%，且没有利息税，这意味着存够5年就能获得5倍于本金的收益，存够10年则是35倍。

人们一直相信房地产的不败神话，然而现实却是房地产投资回报率远远低于预期。这是因为人们大多选择通过炒房来赚钱，而不是靠银行存款。房地产投资高手的赚钱秘诀不在于比较房价与股价

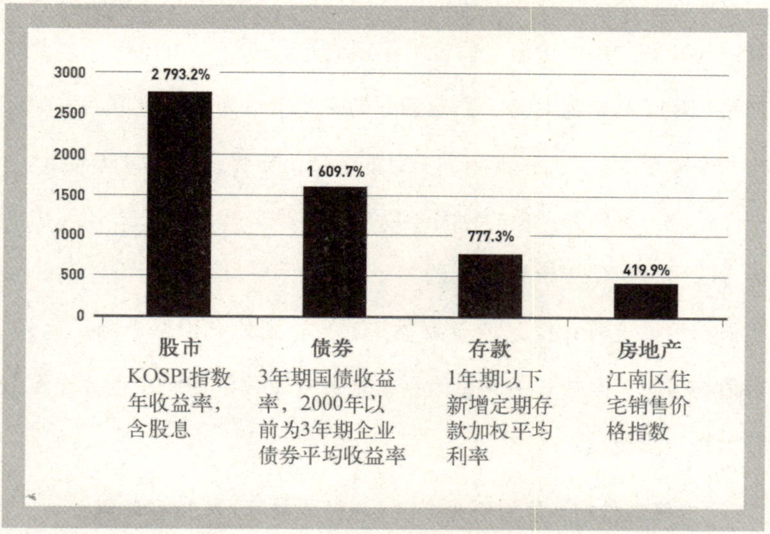

图 3-9　韩国各项投资累计回报率对比图（1983—2012 年）

或债券的涨幅大小，而是通过按揭买房，加大杠杆投资。假设按揭贷款利率为 70%，投资回报率将在 1983 年后的 30 年内暴涨 1 000%。此外，与股票相比房地产的资产流动性差，交易成本高，一旦购入后便不会轻易出售，自然更适合长期投资和财富积累。

随着低速增长和低利率时代的到来，未来韩国将与日本一样面临债券、股市和房地产投资回报率大幅下滑的窘境。债券投资回报率下降意味着债券价格的上升。所以，**若能赶在低利率时代来临之前投资债券的话，就能实现收益最大化。**

可能有读者并不理解“债券投资回报率下降意味着债券价格上升”这句话的含义，这是一个十分重要的概念，因此我将尝试用简单易懂的方式进行解释。通常，发行人在债券到期后应偿还的本金数额为债券的票面价值。假设 1 年期债券面值为 11 000 韩元，此时如果市场年利率为 10%，则该债券的交易价格为 10 000 韩元。如果年利率降至 5%，则在市场上交易的债券价格将升至 10 476 韩元。

对这一部分感兴趣的读者可以参考下列公式。该公式体现出了债券收益率与债券价格之间的关系。如果分母即债券收益率减小，则债券价格上升；反之债券收益率增大，则债券价格下降。另外，若债券持有年限较长，即使债券收益率出现微小变化，也会导致债券价格大幅波动。

债券价格=票面价值/（1+债券收益率）× 持有年限

如公式所示，利率下跌将导致债券价格上涨，因此在进入低利率时代之前购买债券可享受利率下跌带来的差价。而从日本的情况来看，步入老龄化社会后日本的利率便一路下滑，由此看来韩国也将在未来某一刻迎来低利率时代，投资者若想获得高收益就应该抓住机会购买债券。

关于债券投资的类型，首先，**投资者可在证券公司柜台直接购买。** 不过，如果投资者认为直接投资负担太大，可选择债券型基金或者国债 ETF（上市指数基金），其中最具代表性的产品为“KODEX10 年期国库券”和“KBSTAR3 年期国库券”，两者均可通过证券公司购入。

此外，投资者还可考虑外国债券。 投资者可以通过证券公司投资美国国债基金或者期货 ETF，还可直接在美国市场购买"iShares 20+Year Treasury Bond ETF（TLT）"等美国国债 ETF 产品。后者流动性更强，方便买入卖出。另外，还有物价指数债券等多种产品可以满足人们的投资需求。

韩国的债券利率早自 2018 年起就开始下滑，所以如今并不是最好的投资时机。而美国的国债利率在 2018 年末才首次出现下降，且幅度不大，因此利润空间尚存。未来若美元对韩元汇率上升，投资者还可享受汇兑收益。

另外，新兴经济体的国债同样值得投资。与发达国家相比，新兴经济体的国债利率普遍更高，因而收益也更大。虽然此类国家的国债如股市一样易受汇率变化的影响，投资需十分谨慎，但一般而言风险越大收益也就越高，投资者不该因此而错过。

新兴经济体的货币价值易受全球经济增速放缓的影响，未来可能出现大幅下跌。对此，投资者需在该国货币实现充分贬值后等待全球经济复苏的信号，在信号出现的那一刻进行投资，便可实现债券的高收益率与汇兑收益。因此，未来当世界经济出现萧条或危机迹象时，我们可以更多关注新兴经济体的国债投资。

4 第四次工业革命尚未到来

无法提高生产效率的创新不能称之为创新

在人们看来，不断登场的新技术促进生产效率加速提高，并正以前所未有的速度改变着我们的生活。但事实却恰恰相反，因为创新并未带来生产效率的提高，反而可能使之放缓。

2012 年 8 月，美国西北大学罗伯特·戈登（Robert Gordon）教授的著作《美国增长的起落》[5]一出版便引发国际社会热议。戈登教授在书中指出，互联网革命不过是一个神话故事，并将随着时间的推移逐渐失去效果，而世界经济最终将陷入低速增长的沼泽。

戈登教授认为美国日益下滑的经济增长率就是个很好的例子。从美国的人均 GDP 来看，电力和汽车在1900年左右开始广泛普及，推动美国经济实现高速增长，并促进人均GDP的年均增长率在1950年达到2.5%，创下历史最高纪录。但是自20世纪70年代起，美国经济增速开始持续下滑，直至今天仍然保持着下降趋势。

100年前的全要素生产率[1]（包括劳动、技术等）的变化情况就更能反映出上述问题。20世纪40年代美国全要素生产率的年均增长率为3.4%，是自1890年以来平均水平1.1%的3倍之多。但是自20世纪80年代以后，全要素生产率的年均增速却没有一次达到平均水平。6

美国生产率的缓慢增长冲淡了3D打印机、人工智能、无人机、

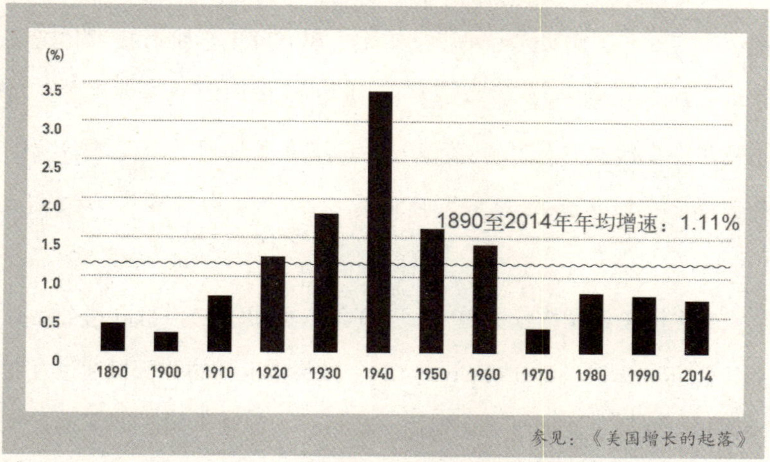

图3-10　美国全要素生产率的年均增速

[1] 全要素生产率是指产出增长中减去劳动力和资本增长导致的生产量增长后剩余的生产量增长部分。它有效地反映了技术开发和管理创新等无形生产要素的生产率。

自动驾驶汽车等各种技术革命新成果带来的喜悦。那么，究竟为何在新技术层出不穷的技术革命时代，生产率反而会输给20世纪中叶呢？

20世纪20年代至60年代，各种新产品不断登场并迅速普及，给人民生活带来了翻天覆地的变化。这些产品不仅有前文提到的洗衣机，还包括自来水管、暖气、水冲式厕所、冰箱、收音机等，它们的集中出现极大地方便了人民生活。

然而，随着这些创新性发明走进千家万户，实现80%~90%的普及率后，美国全要素生产率的增速在1970年降至原来水平的四分之一，反映出生产率增长放缓的事实。

在20世纪80年代，计算机开始普及，但美国的生产率增速反而放缓。对此，诺贝尔经济学奖得主、麻省理工学院教授罗伯特·索洛（Robert Solow）感叹道："计算机时代的印记随处可见，就是在生产率数据中看不到。"这种生产率并未随着计算机的普及上升，反而有所下滑的现象，我们称之为"索洛悖论"（Solow Paradox）。[7]

美国前总统克林顿在20世纪90年代提出了"信息高速公路计划"（Information Super Highway），主张将全世界的计算机通过互联网连接起来。虽然有学者称赞这一计划成功促使美国生产率出现加速增长，但从数据来看当时的生产率增速依旧远远低于20世纪中叶水平。

戈登教授的研究在全球范围内掀起轩然大波，给饱受生产率低下及增长缓慢之苦的世界各国敲响了警钟。英国《金融时报》评论员马丁·沃尔夫（Martin Wolf）称戈登的著作知名度非常高，认为“教授传递出了一个悲观预期，即当前发达国家人民的生活困难问题今后将不会改善，人们应该学会适应低速增长带来的痛苦”。[8]

尽管戈登认为美国经济每况愈下，但事实上其经济状况明显好于日本、德国和法国等世界其他主要发达国家。制造业强国日本与德国最近10年的年均增速只有美国的一半多一点，意大利则维持在0%的低速增长区间。

生产率增速放缓是一个全球性问题。日本、德国、法国等七国集团成员国的劳动生产率增速在20世纪50年代和60年代达到最高值后均呈下滑态势，仅在90年代信息技术革命时期出现过短暂上升。

那么，为什么科技的不断进步未能带来生产率的加速增长呢？

蒸汽机时代的生产率高于信息革命时代的原因

★ 束缚创新的S形曲线法则

原生动物变形虫以二分裂方式生殖，即1只变形虫能一分为二，形成2个新的个体。2个的个体又可再次分裂为4个新的个体。在经历这样的10次分裂后，1只变形虫能够足足分裂出1 024只个体，完成20次分裂则可拥有100多万只变形虫。

若没有来自外界的威胁，变形虫能以恐怖的速度迅速繁殖，瞬间成为地球的主宰。然而，自然界有它自己的法则。一旦察觉到变形虫的数量正以惊人的速度飞速增加，大自然就会通过环境等各种手段将这种无限繁殖限制在一定数量内。

若把变形虫的二分裂生殖过程反映在图表上，则会出现下图倾斜的 S 形曲线（sigmoid curve）[1]。生物个体数量最初呈缓慢增长，随后在某一个点爆发，进入“加速增长阶段”，最后在达到一定水平后，个体数量将不再增长，陷入“停滞阶段”。

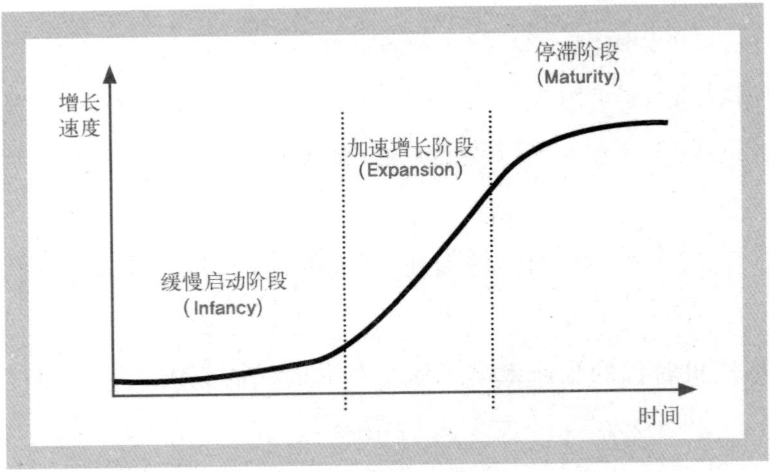

图 3－11　S 形曲线

新产品的上市及推广大多同样遵循 S 形曲线，汽车的上市和推广便是一个典型的例子。1900 年起汽车开始正式在美国销售，到 1914 年，全美共有 10% 的家庭拥有汽车。这一时期可以被称作汽

[1] 指曲线形如“S”，也被称为 Logistic 曲线。

车产品普及的“缓慢启动阶段”。[9]如照此速度计算，美国家庭汽车拥有率达 80% 还需 100 年以上的时间。然而事实上自 1914 年以后，美国家庭汽车拥有量进入加速阶段，开始呈几何级数增长，汽车普及率达到 80% 只用了 14 年。

而在 1930 年之后，汽车普及率便进入了最后的增长停滞阶段。当时作为高档消费品的汽车普及率停滞不前成为 1929 年世界经济大萧条爆发的重要原因之一。

但这同时也是促使 20 世纪中期美国经济持续发展的重要因素。前文中提到的自来水管、暖气、水冲式厕所、冰箱、收音机等产品在经历了 40 年代至 60 年代的加速增长阶段后实现广泛普及，为 20 世纪中期的经济繁荣和劳动生产率大幅增长奠定了坚实基础。

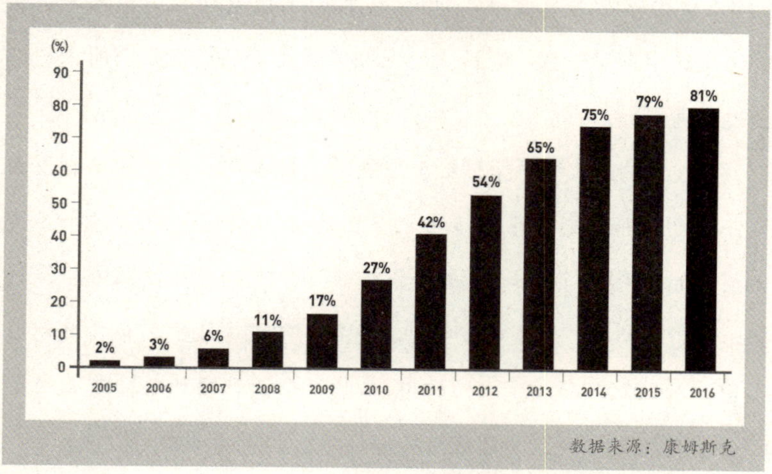

图 3－12　智能手机普及率

此外，智能手机的推广与普及也遵循了 S 形曲线。世界上第一部智能手机是在 1992 年诞生的“西蒙”（IBM Simon），不过由于使用的技术过于超前，并不受消费者青睐。真正开启智能手机大众化时代的是 1997 年诞生的诺基亚（Nokia）手机。

在这之后，智能手机市场一直逐步扩大，直到 2007 年苹果手机（iPhone）推出，智能手机的普及正式步入了新时代。2008 年智能手机的市场渗透率超过 10%，进入加速增长阶段，到 2016 年，渗透率已达到 80% 以上。但从那以后，智能手机市场就陷入了增长停滞。

不仅仅是美国，世界上其他主要国家的智能手机普及率也纷纷进入增长停滞阶段，移动手机市场的持续增长趋势也随之中断，甚至出现了市场萎缩现象。全球智能手机上市量在 2018 年第三季度为 3.5 亿台，同比增长 6%。自诺基亚推出首款智能手机以来，智能手机的上市量一直不断扩大，但相关产品市场却在以前所未有的速度迅速萎缩。

要注意的是，引领全球经济发展的新技术产品由高速增长过渡到停滞期的那一刻会带来十分严重的打击。这在过去有过不少先例。例如在 1929 年，当时属于创新型产业的汽车和铁路因生产过剩出现市场饱和，成了引发经济大萧条的主要原因。我们由此可以预想，当 2020 年智能手机、平板电脑、个人计算机、社交媒体等 IT 行业停止发展时，全球经济将面临多么严重的威胁。

同样，过度依赖存储芯片和显示器产业的韩国经济也将因此遭受巨大冲击，因此我们需要密切关注今后的发展情况。

★ 落后的技术和制度是发展路上的绊脚石

2017 年 8 月发射升空的奋进号（Endeavour）航天飞机的主燃料箱两侧悬挂有两个固体燃料火箭助推器，当时的设计者表示原本希望将这两个火箭助推器做得更宽一点，但最终未能如愿，而究其原因居然是受 2000 年前古罗马时代战车轮距的限制。这让人不禁产生疑问：为何战车轮距能够决定现代化火箭助推装置的直径？

古罗马时代的马车由两匹战马拉动，因而战车的轮距是这两匹马屁股的宽度之和，即 143.5 厘米。后来，罗马人征服了英国，他们将自己的马车轮距标准带到了这个国家，用在了修路上。罗马帝国灭亡后，英国人依旧按照罗马人设定的宽度来制造马车或铺路。

19 世纪，英国人发明出了世界上第一辆火车，因为它是在原来用于运输矿石的马车行驶轨道上配备蒸汽机制造而成的，所以轨距也为 143.5 厘米。后来铁路传入美国，大量的铁路公司不断涌现，各自使用着不同的轨道轨距标准。随着各公司之间的收购合并，美国铁路的轨距最终统一为了英国标准，即 143.5 厘米。这个标准也一直沿袭至今。于是今天，人们乘坐的火车和地铁的轨距宽度均是 2 000 多年前古罗马人造的罗马战车的宽度。

而为了把在犹他州制造而成的火箭助推器运送至 4 000 千米以外的佛罗里达州，美国国家航空航天局（NASA）选择了最安全的交通工具火车。所以在最初设计时，为了方便日后运输，奋进号航天飞机的两个火箭助推器的直径大小一律按照铁轨的轨距来设计。就这样，沿袭至今的古罗马标准使得后人无法随意改变轨距，也就不能设计出更大的火箭助推器。这其实是对技术创新的一大阻碍。

就好比一旦进入某一路径就可能对这种路径产生依赖，即使是一条不归之路，惯性的力量也会让你轻易走不出去。这种现象被称作“路径依赖”（Path dependence）。从现实生活中来看就是，无论技术创新做得多么出色，一旦产品在普及初期陷入一种路径依赖，那么多数都会在后期被市场淘汰。

这种情况也同样存在于工作方式、金融惯例、流通体系、消费者的消费行为等领域，即一旦养成了习惯，人们便不会轻易做出改变，即使有机会提高效率。这样一来，已有的技术或惯例将随着时间的流逝不断自我积累，导致路径依赖性不断加强，进而抵制或阻碍新技术的发展。

★ 第六次创新还未开始

无论多么先进的新技术都会受旧时机制的局限，因此要想实现飞跃，就必须利用新一轮的创新来转变现有的发展模式。对于世界经济发展史的划分，有学者从工业革命的角度出发主张划分为三次工业革命时期，还有一种方式是从经济的周期性循环理论出发，按衰退和繁荣次数进行划分。若按照后者的方式来计算，如今全球已经历了五次大的经济浪潮[10]。

第一次浪潮出现在 18 世纪 60 年代的英国工业革命时期。当时，以水力为主要动力的棉纺织技术掀起了人类历史上首次工业革命的序幕，开启了第一个技术创新的时代。生产方式由家庭手工业过渡到大工厂生产，使得英国的棉纺织产品出口额在1750年后的短短50年内实现了120倍的惊人增长。[1]

第二次浪潮始于19世纪20年代，即第一次工业革命发生后60年。当时蒸汽机和铁路技术的广泛普及，掀起了又一轮技术革新的热潮。虽然在早期，对铁路的过高期望和幻想曾多次导致泡沫经济崩溃，但到了19世纪50年代，铁路已然成为欧美经济增长的强大动力。特别是1869年美国完成了横贯大陆的铁路的建设，将此次以蒸汽机和铁路为核心的技术创新热潮推向高潮。

但是继铁路之后，新技术迟迟未能诞生，于是经济繁荣时期积聚的巨额资金全部涌向了铁路行业，最终造成生产量迅速扩大，导致市场供过于求并加剧了行业间竞争，造成企业收益下降甚至亏损。最后在1873年9月，全球股票价格纷纷下跌，引发了人类史上的第一次世界性的经济危机。

而拯救世界经济的正是以电力和钢铁技术为中心的第三次技术革新浪潮。1881年，美国著名发明家托马斯·爱迪生（Thomas Edison）在纽约建立起世界上第一座发电厂，推动了电力的迅速普及。自此，工厂内的机器改为依靠电力运转，使生产设备领域发生革命性变化，揭开了大规模生产时代的序幕。

---

[1] 英国的棉制品出口额从1750年的4.6万英镑激增至1800年的540万英镑。[11]

不过，由电力和钢铁技术构成的人类首个批量生产体系最后也迎来了生产过剩和市场泡沫的结局。并且因为社会贫富差距程度加深，这些生产过剩的产品缺乏消费群体，最终引发 1929 年的世界经济大萧条。为了从这场危机中逃离出来，世界各国在 20 世纪 30 年代纷纷推出各种经济振兴计划，却未能阻止大恐慌在 30 年代后期卷土重来，并为第二次世界大战这场人间悲剧埋下了巨大隐患。

在经历可怕的战争之后，石油产业为经济复苏带来了希望，掀起了第四次技术革新浪潮。其与曾经的经济发展动力电力以及大批量生产相结合，再次让人类经济实现惊人增长。然而在进入 20 世纪 70 年代后，石油价格因石油危机出现暴涨，于是这一第四次技术革新的火车头将世界经济再次推进了严重衰退的深渊。

如上所述，世界经济大致以 50 年到 60 年为一个周期，不断反复出现繁荣和萧条现象。最早揭示这一规律的是苏联经济学家康德拉季耶夫（Nikolai Kondratiev），不过他虽然提出了这个周期性波动理论，却未能找到出现波动的原因。

在康德拉季耶夫的周期理论的基础上，奥地利经济学家约瑟夫·熊彼特（Joseph Schumpeter）进一步发现经济波动的周期与蒸汽机、铁路、电力等重要创新技术出现的时期相吻合，并从技术创新的角度对经济的景气循环作出说明。因为熊彼特，康德拉季耶夫的周期理论开始受到世界关注。[12]

人类至今为止所经历的第五次也是最后一次经济浪潮是信息革命。这场革命在 20 世纪 90 年代华丽登场，备受世人瞩目。不过，信息革命并未能大幅提高生产效率，这是人们所未曾料想到的。

互联网技术毫无疑问是一种前所未有的创新，但是从生产率的提高方面来看，甚至可以说比不上1844年诞生的电报（Telegram）。在电报被发明出来之前，欧洲与美国横跨大西洋进行通信交流至少需花费一个月的时间；而有了电报之后，时间可被缩短至20~30分钟。电报的诞生不仅提高了信息传播的速度，而且彻底改变了人们的生活方式。

互联网无疑是一种革命性技术，它让人们能够随时随地浏览信息与处理工作。不过在此之前的传真与电话等技术同样能满足部分需求，所以互联网在提高生产率上最终还是输给了电报。

对此，美国加利福尼亚州立大学孙盛元（音译）教授持相同观点。孙教授表示，在以蒸汽机或纺织机的发明为代表的工业革命时代，技术创新的确极大地促进了全球经济生产率的提升。但最近登场的互联网及智能手机不但未能大幅缩短生产所需时间，反而导致人们将大量时间浪费在了这两种产品身上。这便是劳动生产率的增幅并不显著的原因所在。[13]

看来，要想超越市场上已有的各种先进技术，同时大幅拉动生产率并不是易事。而由于第五次浪潮带来的经济成果甚微，未来全球将不可避免地陷入生产率增长停滞和经济增速骤降的停滞期，直至新一轮浪潮的到来。

不过只要人类继续存在，我们就随时可能迎来第六次经济浪潮，寻找到新的发展动力。而目前我们需要关注的则是眼下的问题，即第五次技术创新的效果正在逐渐减弱。每当创新开始失去作用时，人类就将面临巨大的危机，例如1873年的首次经济萧条，1929年的世界经济大萧条以及20世纪70年代出现的经济滞胀。所以现在比任何时候都需要更加密切地关注经济信号，把握其动向。

第四次工业革命仍是海市蜃楼

人们在2016年3月迎来了一场世纪对决，对决的双方分别为围棋界高手之一的李世石与人工智能“阿尔法围棋”（Alpha Go）。比赛开始之前，人们均猜测李世石会是最后的赢家，然而结果却让人大跌眼镜，李世石以总比分1∶4落败。这场比赛给人类造成了不小的冲击，大家开始一边期待人工智能和机器人引领的第四次工业革命的到来，又一边担忧和恐惧它们将在未来某一天成为这个世界的主宰。

不过，这并不是人工智能第一次受到全球的关注。早在1997年，美国IBM公司的“深蓝”（Deep blue）超级计算机就战胜了当时俄罗斯的象棋大师加里·卡斯帕罗夫（Garry Kasparov）。当时人们也作出了同样的预测，认为人类会取得最终的胜利。最后“深蓝”胜出，令世人对人工智能的期待瞬间高涨。

事实上自1955年“人工智能”（Artificial Intelligence）这一词语诞生起，人们就对其报以极大的期待。计算机科学领域专家约翰·麦卡锡（John McCarthy）博士在他28岁时发表了一篇题目为《制造智能机器的科学与工程》的论文，在这篇论文中他首次使用了人工智能这个概念。从此，人工智能便开始不断地吸引社会关注，以其为主题的电影不断涌现，其中最具代表性的是 1968 年上映的《2001：太空漫游》（*2001：A Space Odyssey*）。在这部影片中，人工智能 HAL9000 一方面必须遵循地球给出的指令，另一方面又不得不隐瞒太空船上所有人员关于本次旅行的目的，在这真实与隐瞒的矛盾之中，它最终作出极端选择，杀掉了船员。电影的背景时间设置在 2001 年，拥有人类复杂思维能力的人工智能被认为将在这一时刻诞生。无独有偶，20 世纪后期的其他科幻电影也同样认为“超越人类智慧的”人工智能将在 20 年至 30 年内出现。不过，如今的人工智能技术水平显然辜负了当时人们的期望。

那么是电影的制作方或者导演太心急了吗？似乎也并非如此。实际上，计算机工程师和市场分析师比前者更加看好人工智能的未来。自 1955 年人工智能这一概念被初次提出后，众多的研究机构均预测具备人类思维能力的人工智能将在 1970 年左右诞生，并为此投入了大量资金用于研究开发。然而这一雄心勃勃的项目因各种难题一直未能取得成功。于是当 20 世纪 70 年代真正到来时，政府机构与研究所开始对人工智能项目产生怀疑，纷纷取消了研发计划并撤回了预算。人工智能发展的第一个黑夜来临。

直到 20 世纪 80 年代，随着神经网络研究的兴起以及日本第五代计算机的诞生，人工智能技术才再次受到关注。但是对技术实用性的质疑声越来越大，加上硬件成本激增，人工智能的研发工作再次被搁置。这意味着人工智能发展进入第二个黑夜期。由此可见，在李世石和“阿尔法围棋”的世纪对决之前，人们早已多次对人工智能技术报以热切期待，又多次经历失望。

机器智能研究所（MIRI）发现了一个有趣的事实。在对人工智能有关研究机构进行分析后发现，这些机构均曾预测人工智能时代将在20年内到来。研究机构为何不约而同地把技术革命的发生时间设置为20年呢？

对此，摩根士丹利全球首席战略师鲁奇尔·夏尔马解释称，20年并不是新技术革命发生的真正时间，而是只有认定其将在20年后发生，研究机构才能获得足够多的研究资金，才能使自己的研究成果受到关注。[14]若是将时间设置得更久一点，研究机构将会同时失去投资和关注；而若将时间设置得过近，一旦预测错误，研究员就必须承担责任。因此，只有“20年”这个大概的时间点既能让研究机构逃避责任，又能获得研究资金。

那么这次是否真如众多研究机构所预测的一样，人们将在20年内迎来人工智能时代，实现生产效率的大幅提升呢？毫无疑问的是，如今我们比历史上任何时候都更接近这一时代。但是也不要忘了，这个“20年”的预测自1955年起就开始了。

如今人们十分期待第四次工业革命的到来，而且正如前文所言，这也意味着第六次经济浪潮将会出现。

但是第三次工业革命仍在进行中，现在就探讨第四次工业革命何时到来似乎为时尚早。正如第一次工业革命期间，生活在18

世纪的英国人意识不到自己正处于工业革命的过程中一样，我们不可能提前预测第四次工业革命将在何时推动经济实现新的飞跃。

创新性技术很多时候诞生于偶然之中，这些技术互相影响、共同发展，因此人们很难预测创新将于何时出现，又将如何进化演变。而由于路径依赖性的存在，无论多么先进的技术，都有很大可能因社会和制度的束缚而被雪藏。因此，技术的创新因素不该成为预测成功的标准。

一两项技术的发展无法掀起一场工业革命浪潮，只有无数的技术相互影响、相互推动才能拉开这场大戏的序幕。所以，我们不能仅从人工智能和3D打印机等少数技术的诞生就草率地断定第四次工业革命已经到来。

此外，从前文介绍的S形曲线法则中我们已经了解到即使是最先进的技术，从诞生到广泛普及也需要一定时间，这意味着我们不应该急于去预测未来。以信息革命为例，从1969年互联网诞生到普及再到20世纪90年代成为全球经济的增长引擎，足足花了20年的时间。

因此，这让我们无法不怀疑对第四次工业革命的过分渲染其实是一种商业策略或者营销手段。只要人类历史继续延续下去，第六次经济浪潮即第四次工业革命总会在未来某一天席卷而来。而无论是坚信工业革命已经到来，还是将其作为判断的重要依据都是十分危险的。

不管第四次工业革命是否即将到来，人们至少的确将面临一场巨变。在这场巨变中，一如既往地会有人欢喜有人忧，而若想成为真正的赢家和新时代的领头羊，就必须事先作好充分准备。

5 韩元、美元、日元、黄金……什么才是安全资产？

仅持有韩元并不是分散投资

有一句名言叫“不要把所有鸡蛋放在同一个篮子里”，这句话过于耳熟能详以至于如今成了公认的投资原则。不过听话的投资者却并不多。有人将全部资产投进了自认为能赚钱的地方，还有人误以为自己做到了分散投资。

比如投资多只同升同降的股票，例如同时购买三星电子和 SK 海力士两只股票，这种行为并不属于分散投资。真正的分散投资是指同时投资在毫无关系或是呈负相关关系的产品上。

那么从分散投资的角度来看，人们应该如何持有现金呢？自 2018 年以来，金融市场的不确定因素日益增多，于是投资者时常被告诫应增大现金持有量。但若仅持有韩元，无疑是把所有鸡蛋放在了一个篮子里，这并不是一个好的应对方法。

当然投资者可将资产分散投入股票、房地产和银行储蓄等领域，但鉴于这些产品均由韩元结算，分散投资的效果将大打折扣。**所以在经济动荡时期，投资者若考虑增大现金持有量，则应把他国货币一同纳入分散投资的对象范围内。**

可作为投资对象的有美元和日元。当然欧元也是一个不错的考虑，不过鉴于其与日元的紧密联系以及欧洲复杂的政治环境和没有利息等因素，投资者没有必要将其作为分散投资的标的。另外，黄金虽然不是现金的一种，但在目前的经济状况下也值得投资者考虑。

利用美元来分散风险

韩元对美元汇率曾在亚洲金融危机时期发生过巨大波动。20 世纪 90 年代，汇率还在 700~800 的区间内波动，到了 1998 年外汇危机时，暴跌至 2 000 左右。但在危机之后，韩元对美元汇率开始一路上升，特别是在 2006 年美联储增加货币供应量后，汇率大幅攀升至 900 左右。

然而就在 2008 年，全球金融危机爆发，韩元对美元汇率在距离 1998 年亚洲金融危机刚好过去 10 年的这一刻再次暴跌，降至 1 500。不同的是，这次的跌幅较小。之后，美国开始长期实施量化

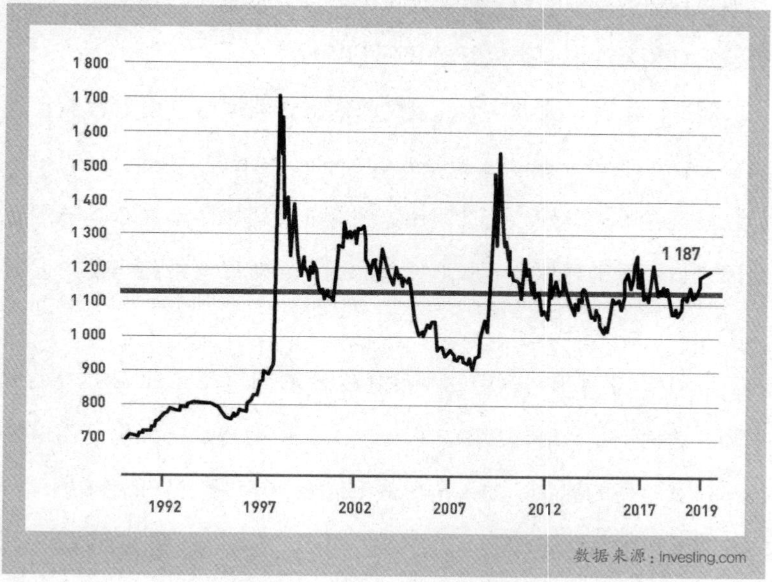

图 3－13　韩元对美元汇率变化图

宽松政策和超低利率，韩元对美元汇率在此期间虽有上升，但依旧难以突破 1 000 的关口。

在 1 000 的关口出现如此大的阻力，是因为韩国的竞争力减弱，且对未来作出了悲观预期。2015 至 2016 年，韩国的出口额以前所未有的速度骤减，从而引发汇率一路下挫，最低达到了 1 240。作为一个严重依赖出口的国家，如今出口面临崩溃，汇率也就随之下跌。

但情况在 2017 年发生了意外的逆转。随着半导体超级周期的开始，外汇不断涌入韩国市场，再加上瞄准半导体市场的外国投资者加大对韩国股票的购买量，促使国外投资资金流入韩国股市，于是韩元对美元的汇率又重新攀升至1 050。

但是，作为韩国半导体的最终需求方，美国信息通信行业代表企业FAANG（Facebook、Amazon、Apple、Netflix、Google）的盈利前景最近并不被看好。而且即使这些企业的需求不会减少，韩国也会因来自中国半导体产业紧追猛赶的压力，难以再维持当前的发展水平。

自2015年以来，韩国除半导体以外的出口型企业竞争力迅速下降。这绝不是暂时的现象，而是一个长期趋势，它揭示了当前韩国出口竞争力的现状。如果出口额出现像2015年一样的大幅下滑，韩元将有可能再次走弱。

从这一层面上来说，持有一些美元现金可以规避风险。 截至2019年，美国的存款年利率比韩国高出近0.5个百分点，因此在利率方面存在优势。但是，将韩元转换成美元后又重新兑换为韩元会产生一定的手续费，若不打算使用美元现钞，则最好以手续费较低的电汇汇率（以电报方式买卖外汇时所用的汇率）兑换美元。

利用美元分散投资风险的另一种方法是投资美国国债。 美国国债的风险系数虽然比现金大，但也是一种非常安全的资产。此外，美联储已经结束了这轮的加息，很有可能将再次降息，而利率下降会使国债价格上涨，届时投资者便可享受到国债带来的收益。

投资者为规避风险可持有一定比例的美元，但并不是越多越好。 这是因为经济不景气会导致进口额减幅比出口额减幅大，在这种情况下，美元将随着经常项目收支顺差而增加流入，导致韩元对美元汇率上升。

20世纪90年代初，日本由于严重的经济萧条，进口额比出口额出现更大减幅，导致日元汇率急剧上升。但是，韩国不像日本在零件制造业和原材料行业具有国际竞争力，也不像日本那样拥有大量强有力的中小企业，因此不一定会出现日本在20世纪90年代的那种情况。

另外，美国的加息政策导致了美元与欧元和日元等主要货币相比其价值被严重高估，因此，当加息结束、利率开始下调时，美元对世界主要货币的汇率可能出现小幅下跌，促使日元价值或黄金价格的涨幅超过美元。

危机时期比美元更强势的日元

人们通常认为美元将一直坚挺，但实际上自20世纪60年代美国经济达到顶峰以来，美元就开始出现大幅度贬值。对此，美元指数（Dollar index）[1]为我们提供了证据。美元指数是用于衡量美元对世界6种主要货币的汇率变化情况的指标，虽然其在每次危机中都趋于飙升，但从长远来看却呈下降趋势。

出现上述现象的原因是随着世界经济的增长速度快于美国，美

[1] 综合反映美元对欧元、日元、英镑、加拿大元、瑞典克朗和瑞士法郎这世界6种主要货币汇率情况的指标。

国占世界经济总量的比重逐渐下降。虽然近年来美国经济持续繁荣，但2018年的平均增长率仅为2.9%，低于3.7%的世界经济增长率。这就意味着即使在前所未有的繁荣期，美国经济总量占全球的比重依旧在下降。

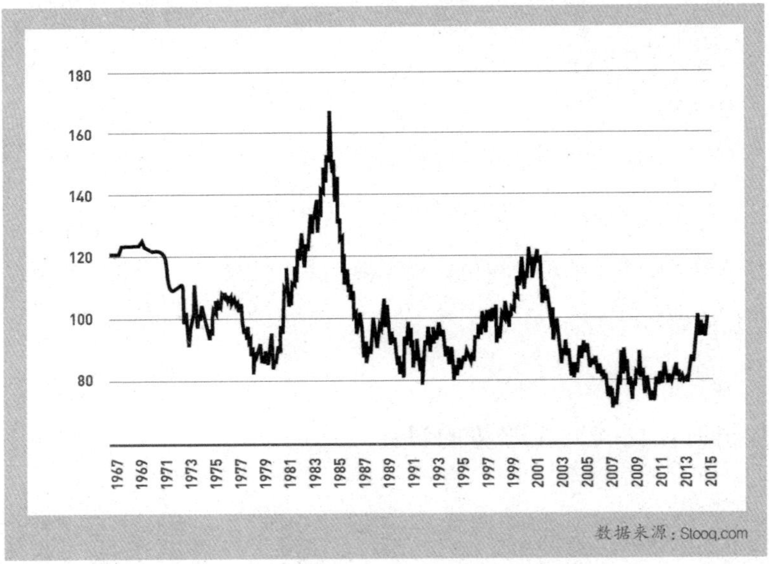

图 3-14　美元指数变化图（1967—2015 年）

美元指数在2008年全球金融危机后保持在80左右，随后在2018年底达到96，创下了自千禧年互联网泡沫破裂以来的最高纪录。美元指数上升的原因是危机后美国独享经济繁荣，导致股票投资激增，以及美联储上调基准利率促使大量资金涌入美国。

但是，如果美国停止加息或者反过来降息，则美元有更大可能会出现贬值。因此，就现金领域的分散投资而言，投资者可考虑同时持有日元或黄金而不是单独持有美元，以应对美元对世界6种主要货币汇率发生贬值的情况。

在经济危机期间，日元被认为是比美元更安全的资产，且大多数时候日元汇率的涨幅也超过了美元。安倍自上台后一直在人为引导日元大幅贬值，与目前被高估的美元相比，日元在全球金融动荡时期会拥有比美元更大的上升空间。

但是，投资日元有一个缺点。截至2019年年初，日元的存款利率几乎为零。相比之下，美元存款利率甚至高于韩元。这就意味着持有日元的时间越长，利息损失就越大。此外，提取现金时所需支付的手续费也要高于美元。除了商业银行等部分银行以外，取款时均会收取约1%的手续费。

另外，如今日本政府的债务占GDP的比重为全球第一，这使得日元很难再成为完全安全的资产。同时，安倍在执政期间可能会竭尽全力将日元价值维持在较低水平，因此我们需要在日元投资上保持谨慎。

该何时投资以及如何投资作为避险资产的黄金？

黄金是一种货币替代品，可作为世界储备货币美元的替代投资；黄金还是一种贵金属，可以被用于消费。这两个属性共同决定了黄金价格。在2008年全球金融危机之后，黄金的货币属性有所增强。

黄金价格深受利率影响。黄金与日元一样不存在利息，所以与将资产放进银行的投资方式相比，长期持有黄金会增加机会成本。这就造成当美国等发达国家的利率上升时，黄金价格下降；反之当利率下降时，黄金价格上升。

此外，黄金价格似与美元呈负相关关系。换句话说，如果美元上涨，则黄金价格下跌；如果美元下跌，则黄金价格上涨。因此，每当美元出现较大波动或对美元信任度不断减弱时，黄金价格就会飙升。

典型的例子就是 2008 年的全球金融危机。随着美国经济动荡和不安情绪的加剧，黄金价格开始上涨。此时，美联储为克服危机开始实行大规模量化宽松政策，导致世界对美元愈发不信任，于是黄金价格飞速上涨，每金衡盎司（约 31.1 克）的价格超过了 1 800 美元。

在 2008 年全球金融危机和 2011 年欧元区经济两次探底危机之后，黄金价格在 2012 年再次下跌。2015 年，美国停止实施量化宽松政策并开始提高利率，黄金价格暴跌至每金衡盎司 1 060 美元左右。其后在 2016 年至 2018 年期间，尽管美国持续加息，黄金价格依旧保持稳定上涨趋势。

从当前黄金价格的趋势来看，**一旦美国停止加息并开始降息，黄金价格就有可能上涨。** 如果美国经济出现明显放缓迹象，降息措施会来得更快。而这种举措将引发人们对经济衰退的担忧，导致股票价格指数下跌，进而降低对风险资本的吸引力，更将刺激金价上涨。

假设全球爆发完美风暴，世界各地同时出现经济危机，届时美元和日元都将不再是避险资产，唯有黄金是守护资产的最后一个安全堡垒。

不过，投资黄金也有一个缺点，即黄金没有利息，所以机会成本很高。世界著名的投资者沃伦·巴菲特（Warren Buffett）在金价暴涨的2008年对黄金投资进行了一番嘲讽，他称“投资无法产生任何收益（Yield）的黄金还不如投资发展前景好的企业”。实际上由于复利效应的存在，长期持有黄金的确不是一个好选择。

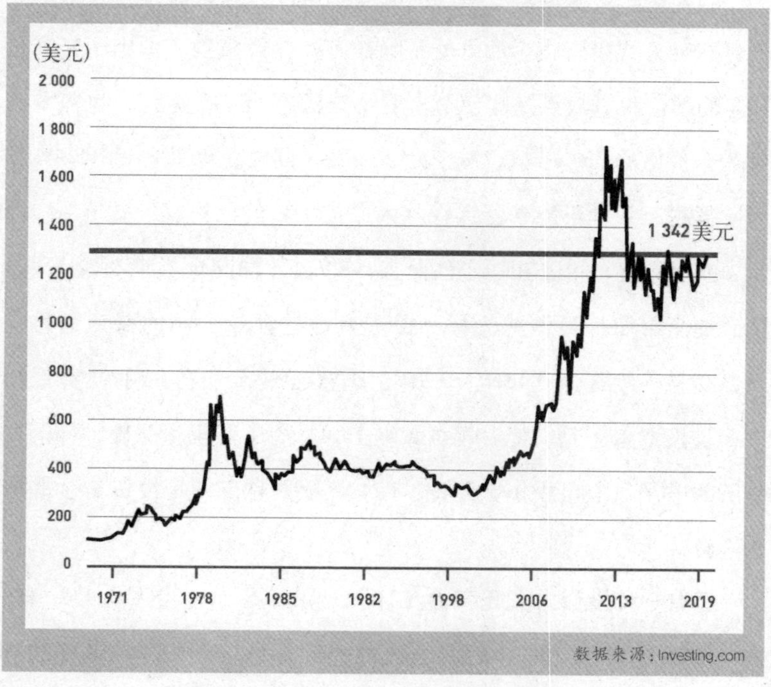

图3-15　以美元计价的黄金走势（每金衡盎司）

美元价格走势与黄金价格走势相反，**投资者可在购入黄金的同时适当投资美元以分散风险。其次，还应在适当的时间卖出黄金以获取利润，而不是长期保留。**

购买黄金的方式不同，缴纳的税金和手续费也会千差万别。若把黄金视作投资，就不要在电视购物或金店里购买实物。因为购买实物黄金需缴纳10%的增值税，加上卖方需赚取的部分利润，除非黄金价格至少上涨15%，否则一定会亏本。另外，丢失或被盗的风险也极高。

比上述实物投资更好的方法是通过银行的黄金业务进行购买。通过这种方式投资黄金的好处是除非需要兑换实物，否则不必支付10%的增值税。缺点是即使是享受特殊优惠的VIP客户，也需要支付黄金价格的0.6%到0.7%作为手续费，同时上缴获利的15.4%作为所得税，并且不能享受《存款人保护法》的保护。

就手续费、税收和稳定性而言，KRX（韩国证券期货交易所）黄金交易市场是最佳的选择。投资者通过证券公司的账户进行交易，交易手续费为0.15%~0.3%，比银行黄金业务的手续费低得多，且投资者还无须针对收益缴纳15.4%的所得税。此外，韩国交易所的破产风险也极小，因此KRX黄金交易市场是投资黄金的最佳选择。

还有一种投资方式是黄金ETF。与KRX黄金交易市场一样，黄金ETF也可通过证券公司的账户进行交易。它有各种各样的产品，包括二倍做空黄金ETF和在黄金价格下跌时赚钱的反向ETF。

但是与KRX黄金交易市场不同的是，黄金ETF必须就获利支付所得税。

不过，投资者需要注意黄金其实是价格波动极大的投资产品。自1980年以来，黄金价格已持续下跌了20年，直到2001年后才出现回升。尽管被称为避险资产，但并不意味着黄金是不会亏损的“安全资产”，只是当股票价格指数或货币价值出现暴跌时，金价反而会上升，所以才得此名。

如果世界主要发达国家因人口老龄化和低速增长陷入日本式经济衰退时，对于具备原材料和贵金属属性的黄金的需求量将大大减少，届时金价便有可能出现大幅下跌。另外，随着金价上涨，过去生产效率低下的金矿可能面临二次开发，导致黄金价格下跌。此外，中国的经济动向也对金价有较大影响，投资者应特别关注。

综上所述，我们介绍了分散投资现金资产的方式，并分别说明了美元、日元和黄金的投资情况。与其说这是一种投资手段，不如说是在利用现金资产来规避风险。总而言之，投资者需要在风险初发阶段增加现金持有量，以确保在危机后期保有足够现金，同时有必要将其分为美元、日元和黄金分别持有，而不是全部放入韩元这一个篮子中。

另外，如果美元、日元或黄金价格上涨，出于分散风险目的购买的投资者应适当逐渐增加持有量，而不是立马增大投入。在这一方面，银行还开发出了相关产品，可将其设置为仅在汇率或黄金低于自身设定的特定价格时进行购买。投资者可将此类产品的购买周期设置为每日、每周或每月，以帮助投资者控制因焦虑和贪婪等导致的情绪化的投资。

乐观者在每次危难中都看到了机会，而悲观的人在每个机会中都看到了危难。

——《乐观者与悲观者》

结　语
至暗时刻的开始，便是机会

如今美国经济已持续繁荣了长达 10 年，世界经济也已习惯了美国的强势。但即使对于经济实力全球排名第一的国家来说，这种情况仍是十分罕见的。一旦美国经济出现衰退或者只是增速略有放缓，全球都将受到重创。

与美国相比，中国更是个例外。自工业革命以来，没有任何一个国家能像中国一样做到持续 40 年的繁荣发展。如果危机在中国爆发，其后果将是不可预估的。

从 2013 年到 2018 年，韩国经历了前所未有的经济扩张。当然，可能有些读者并不这样认为，但如果与即将到来的经济停滞相比，那段时期无疑可以说是韩国经济的黄金时代。

上述三个国家实现经济长期繁荣的基础其实源于货币，而美联储的大规模量化宽松和零利率政策是推动这一繁荣的源动力。不过，量化宽松政策同时也导致了人们对经济衰退和危机的担忧加剧。

世界各国为对抗经济衰退已用尽了各种政策工具，所以当此次全球经济停滞或危机袭来时，各国金融部门都将面临前所未有的艰难局面。未来，全球经济不仅会遭遇突如其来的金融危机，还需要应对日本长期衰退般的慢性经济疾病的挑战。令人遗憾的是，在这个复杂多变的世界中，各经济主体相互影响，不断带来众多意想不到的结果，使我们永远无法完全预测和掌控未来。这时，抢先发现能够预示经济变化的信号并准确理解其含义才是我们应做的事。

为应对复杂多变的未来，各位必须牢记以下三点。

第一，请记住明天永远不会与今天相同。如本书开头所述，经济危机就像病毒一样能够不断进化、不断变化形式并增强其毒性。所以千万不要以为，只要针对过去的危机形式做好了充分准备就能高枕无忧，也不要认为过去的投资组合策略能够应付未来的危机。不要始终遵循在过去十年的美国经济繁荣中使用过的投资策略，也不要盲信成功克服全球金融危机的投资方法。过去只能作为参考，我们必须观察新的经济信号，不断为未来做好准备。

第二，我们需要更加广泛和深入地了解世界，以制订投资和企业战略。自全球化进程开始以来，投资者和企业便将目光投向了世界舞台，形成了一个相互交织的经济网络，若此时韩国选择做井底之蛙，则注定会在未来吃大亏。而要想不在这场巨大的变革中被淘汰，就需要建立系统的应对机制。

第三，在最危险的时刻主动出击。越危险的地方机会越多，当危机来临而其他人都选择逃避时，便是最好的投资机会和最佳的创业时机。因为危机会打破之前有利于强者的经济环境并建立起新的秩序，为挑战者提供意外的逆袭机会。

随着经济衰退的加剧，人们悲观地认为经济不会复苏。这是人类的天性。但是只要历史继续向前发展，经济就能实现复苏，第六次经济浪潮或者说是第四次工业革命也终将有到来的一天。而为了抓住机会，我们必须在深渊底部、在黑暗之中用恐惧谱写希望。

愿此书能为各位读者带来希望的火花，战胜黑暗。

参考文献

第一章

1. 转引自电影《大空头》(*The Big Short*)(2015)。

2. Ray Dalio, "Billionaire Ray Dalio Says The Next Financial Crisis Isn't Far Off", CNBC, Sep. 11, 2018.

3. Nouriel Roubini and Brunello Rosa, "Opinion: Nouriel Roubini: 10 Reasons Conditions Will Be Ripe For a Financial Crisis By 2020", Market Watch, Sep. 14, 2018.

4. Christopher Anstey, "JP Morgan Predicts The Next Financial Crisis Will Strike In 2020", Bloomberg, Sep. 13, 2018.

5. Joe Weisenthal, "Warnings Keep Coming About a Downturn That Will Hit in 2020", Sep. 13, 2018.

6. Ben Leubsdorf, "Economists Think the Next U. S. Recession Could Begin in 2020", Wall street Journal, May 10, 2018.

7. 박종훈," 빚 권하는 사회에서 부자되는 법", 21세기북

스, 2016.

8. Erik Hollnagel, Safer Complex Industrial Environments: A Human Factors Approach, CRC Press, 2009.

9. Niall Ferguson, The Ascent of Money: A Financial History of The World, Penguin Books, 2009.

10. 박종훈,"박종훈의 대담한 경제", 21세기북스, 2015.

11. Richard Rosenfield and Janet L. Lauritsen, "The Most Dangerous Crime Rankings", Contexts, winter (2008): 66 - 67.

12. 최제호,"통계의 미학: 통계는 세상을 움직이는 과학이다" 동아시아, 2007.

13. Charles Wheelan, Naked Statistics: Stripping the Dread from the Data. W. W. Norton&Company, 2014.

14. David H. Freedman, Wrong: Why Experts Keep Failing Us-and How to Know When Not to Trust Them. Little Brown&Co, 2010.

15. 황재성, "불황 장기화…… 서민 술 소주도 안 팔린다",《동아일보》, 2004년 11월 24일.박순욱, "소주도 돈 없어 못 마셔 내수불황 끝 안 보인다",《조선일보》, 2004년 3월 23일.

第二章

1. 点击 https://fred.stlouisfed.org/进行访问则可获取更多信息。另外,若想了解 10 年期和 2 年期国债利率的区别,可访问 https://fred.stlouisfed.org/series/T10Y2Y。

2. Erik Norland, “2017 Macroeconomic and Financial Outlook in a Trump/Brexit World”, CME Group, Nov. 16, 2016.

3. Ruchir Sharma, The Rise and Fall of Nations: Forces of Change in the Post-Crisis World, W. W. Norton&Company, 2016.

4. IMF Fiscal Monitor, “Debt: Use It Wisely”, Oct., 2016.

5. Christine Lagarde, “Fix the Roof While the Window of Opportunity is Open: Three Priorities for the Global Economy”, Speech at University of Hong Kong, April 11, 2018. https://www.imf.org/en/News/Articles/2018/04/09/spring-meetings-curtain-raiser-speech.

6. Yoon Young Sil, “Korea's Debt-to-GDP Ratio Reaches 232%, Up 49% Points over Past Decade”, Business Korea, Oct. 13, 2017.

7. Mark Buchanan, Ubiquity: Why Catastrophes Happen, Broadway Books, 2002.

8. https://www.starcapital.de/en/research/stock-market-valuation/.

9. Jorda, Oscar and Schularick, Moritz and Taylor, Alan M., Leveraged Bubbles, CESifo Working Paper Series No. 5489. Aug 22, 2015.

10. Trading Post.

11. Robert J. Shiller, Irrational Exuberance, Princeton University Press, 2000.

12. http://www.multpl.com/case-shiller-home-price-index-inflation-adjusted.

https://fred.stlouisfed.org/series/CSUSHPINSA?utm_source=series_

page&utm_ medium = related_content&utm_term = related_resources&utm_ campaign = categories.

13. David Scutt, "The Currencies Set to Weaken and Strengthen in The Period Ahead, in One Chart", Business Insider Australia, Mar. 9, 2018.

14. 정철호, 김창도, "중국에 다가오는 인구절벽 충격", 포스코 경영연구원, 2017년 4월 6일.

15. 정영식, 김경훈, 김효상, 양다영, 강은정, "글로벌 부동산 버블 위험 진단 및 영향 분석", 대외경제 정책연구원, 2018년5월 20일.

16. Pat Thane, A History of Old Age, Getty Publications, 2005.

17. S. C. Gilfillan, 'Lead Poisoning and the fall of Rome', Journal of Occupational Medicine, 7(2): 53, 1965.

18. Peter Drucker, Management Challenges for the 21st Century, Butterworth-Heinemann, 1999.

19. https://data.oecd.org/gdp/real-gdp-forecast.htm.

20. OECD, http://www. oecd. org/els/emp/average-effective-age-of-retirement.htm.

21. 김세직, "경제 성장과 교육의 공정경쟁", 경제논집: vol. 53(no. 1), 서울대학교 경영연구소, 2014.

第三章

1. 김학균, "[미 10년 강세장 막 내리나] 90년대 장기호황 끝

물 시기와 닮은꼴”，《이코노미스트》，2018년 11월 5일.

2. OECD，https://data.worldbank.org/indicator/NY.GDP.MKTP.KD.ZG? locations=US.

3. Daniel Bachman，“Why 2020 Could Be a Dangerous Year for the US Economy”，Delitte Insights，Oct. 25，2018.

4. 금융투자협회，“무엇이 위험자산인가?”，2013년 1월 9일.

5. Robert J. Gordon，“Is U.S. Economic Growth Over? Faltering Innovation Confronts the Six Headwinds”，NBER Working Paper No. 18315，August 2012.

6. Robert J. Gordon，The Rise and Fall of American Growth：The U.S. Standard of Living since the Civil War，Princeton University Press，2017.

7. Nicholas Crafts，“The Solow Productivity Paradox In Historical Perspective”，CEPR Discussion Paper No. 3142，January 2002.

8. Martin Wolf，“Is Unlimited Growth a Thing of The Past?”，Financial Times，October 2，2012.

9. 이영직，“세상을 움직이는 100 가지 법칙：하인리히에서 깨진 유리창까지”，스마트비즈니스，2009.

10. James Bradfield Moody，Bianca Nogrady，The Sixth Wave：How to Succeed in a Resource-Limited World，ReadHowYouWant，2012.

11. 영국의 면제품 수출은 1750년 4만 6천 스털링에서 1800년에는 540만 스털링으로 급증했다. 홍성욱，“과거에서 배우는미래-

미래를 예측하기 위해서는 우리의 일상생활에서 널리 사용되는 기술에 대한 이해가 필수적이다”, Future Horizon, Vol. 8, Spring 2011.

12. Joseph Alois Schumpeter, Business Cycles: A Theoretical, Historical, and Statistical Analysis of the Capitalist Process, Martino Pub, 2005.

13. 손성원,“ 미래 경제” , 알에이치코리아, 2014.

14. Ruchir Sharma, The Rise and Fall of Nations: Forces of Change in the Post-Crisis.